ALEJANDRO GAVIRIA

HOY es
SIEMPRE
TODAVÍA

LA HISTORIA DE
CÓMO DESCUBRÍ QUE EL CÁNCER
ES COMO LA VIDA

Ariel

© Alejandro Gaviria, 2018
© Editorial Planeta Colombiana S. A., 2018
Calle 73 N.º 7-60, Bogotá

Ilustración de cubierta: Sergio Moreno
Ilustraciones de interior: Alejandro Giros
Diseño de cubierta: Departamento de diseño Grupo Planeta

Primera edición: abril de 2018
Segunda edición: mayo de 2018
Tercera edición: septiembre de 2018
Cuarta edición: septiembre de 2018
Quinta edición: enero de 2019
Sexta edición: mayo de 2019

ISBN 13: 978-958-42-6829-7
ISBN 10: 958-42-6829-5

Impreso por: Editorial Nomos S. A.
Impreso en Colombia - *Printed in Colombia*

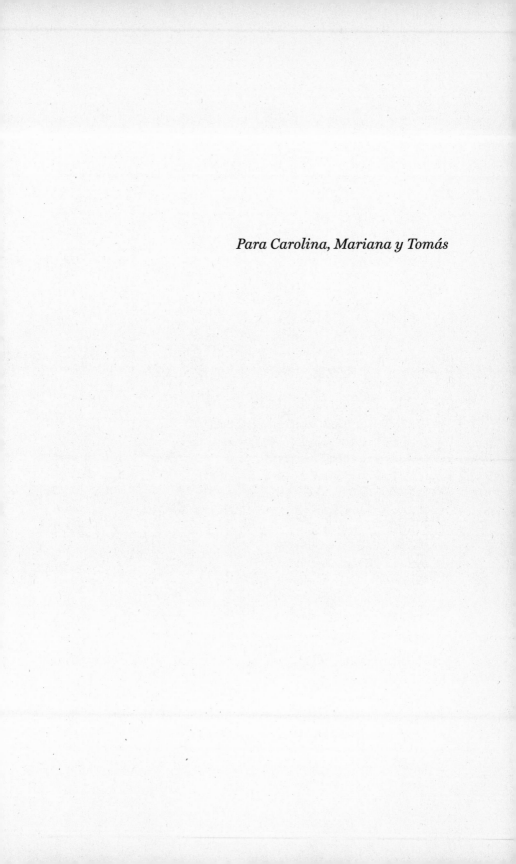

Para Carolina, Mariana y Tomás

Escribo, hermano mío de un tiempo venidero,
sobre cuanto estamos a punto de no ser,
sobre la fe sombría que nos lleva.

Escribo sobre el tiempo presente.

José Ángel Valente, *Sobre el tiempo presente*

CONTENIDO

INTRODUCCIÓN

Este libro es varias cosas a la vez. Primero, es el testimonio de un hecho paradójico, una coincidencia irónica: mi doble condición como ministro de Salud y paciente de cáncer. La enfermedad nos transforma física y emocionalmente. Sobra decirlo. Pero, en mi caso, también me hizo revaluar muchas de las decisiones que había tomado en un ministerio casi definido por la complejidad y los dilemas bioéticos. El pasado a veces depende del futuro. O, mejor, la interpretación del pasado depende de nuestras circunstancias futuras. Este relato da cuenta de ello.

Este libro es también una colección personal, una antología de lecturas, libros leídos y releídos, poemas en voz alta y citas que guardo en libretas raídas, como si fueran medicinas para momentos de crisis. Las citas son profusas en el texto porque lo son en mi vida. Muchas de las lecturas citadas fueron transformadoras (somos lo que leemos); otras, más recientes, me han permitido lidiar con el dolor y el miedo.

En tercer lugar, este libro es un testimonio de amor y gratitud: a mi familia, a mis amigos, a mis compañeros de trabajo, a mis médicos y a tanta gente que, de una u otra manera, me ha dado una voz de aliento, una palabra de aprecio, un mensaje de solidaridad... Desde aquí, desde esta tribuna personal, quiero reiterar lo que he dicho muchas veces y seguiré repitiendo sin cansarme: "gracias por todo, por darme la posibilidad de vivir, de disfrutar las vueltas que me quedan".

Finalmente, este libro pretende ser una guía modesta, pero sincera, para los enfermos de cáncer. Recibo con frecuencia mensajes de otros pacientes que me dan las gracias por las entrevistas, por hacer públicas mis preocupaciones. Me dicen que ellos sienten sosiego al saber que alguien más siente lo mismo. Este libro nació, sobre todo, de una convicción: la idea de que mi historia puede ser de alguna utilidad para mis compañeros de lucha y de vida.

El libro tiene ocho capítulos heterogéneos, diversos. Algunos son autobiográficos, otros son reflexiones sobre nuestro destino común —nuestra finitud— y otros más, disertaciones sobre los desafíos de los sistemas de salud, las promesas de la medicina moderna y la complejidad de las políticas públicas. Todos están escritos desde una perspectiva similar, comparten una misma visión de la vida (el existencialismo resignado, casi festivo), del cambio social (el liberalismo trágico) y de la enfermedad (el optimismo: el cáncer no es una condena, ni un impedimento para seguir viviendo).

Los dos primeros capítulos ("Cultivar el asombro" y "Cosas que pasan") son más personales, más urgentes, tienen que ver con mi diagnóstico de cáncer y mi posterior cambio de perspectiva y prioridades. Lo mismo puede decirse del capítulo cinco ("Quimioterapia"). Los capítulos tres, cuatro y seis ("Conexiones", "Complejidad" y "Desigualdad") son más generales, más académicos: contienen mis reflexiones sobre las políticas de salud, la complejidad del cáncer y la equidad en salud. Los dos últimos capítulos ("Lo nuestro" y "La buena muerte") son más existencialistas —digámoslo así— y presentan mis ideas sobre la muerte y mis convicciones acerca del buen morir.

El cáncer es como la vida de muchas maneras. La primera es la biológica: el cáncer es recursivo, oportunista, capaz no solo de adaptarse, sino también de crear las condiciones para su crecimiento posterior. El cáncer es ominosamente darwinista: "La vida del cáncer recapitula la vida del cuerpo, su existencia es un espejo patológico de la nuestra".

El cáncer es como la vida en otro sentido, más humano, más urgente: nos obliga a vivir con la conciencia permanente de nuestra finitud, nos abre los ojos frente a nuestra fragilidad, nos saca del letargo de los días y nos hace caer en la cuenta de que "solo trajimos el tiempo de estar vivos". Somos pasajeros en tránsito hacia un destino eterno, hacia una noche sin sueños y sin final.

Finalmente, el cáncer es como la vida de los seres humanos de una manera más trágica: nos revela la precariedad de nuestras esperanzas, los dilemas colectivos de la escasez, los debates éticos sobre quién debería vivir y las controversias sobre el lucro derivado de un conocimiento esencial, que puede implicar la diferencia entre la vida y la muerte.

Escribí este libro entre los meses de enero y febrero del 2018. Había terminado mi tratamiento y recobrado mis fuerzas, y me sentía mejor. Renovado. Tenía un examen pendiente, una cita ominosa con mi destino. Sabía que mis días eran inciertos y que debía aprovechar la oportunidad. Escribí este libro, como dice el poeta, desde el tiempo presente, con la urgencia de contar mi historia. Tal vez esa sea la esencia de todo, de los días y los años de nuestras vidas: tener, al final de cuentas, una historia que contar y contarla a tiempo.

Bogotá, febrero de 2018

I

CULTIVAR EL ASOMBRO

Mas el doctor no sabía
que hoy es siempre todavía.

Antonio Machado, *Proverbios y cantares*

Las diminutas dichas que se aferran
con sus mínimas garras a la vida,
¿serán el porque sí de todo?

Eliseo Diego, *Álbum para pegar láminas*

Hace treinta años, durante unas vacaciones universitarias, leí la novela póstuma de Truman Capote, *Plegarias atendidas*. Era la novedad literaria del momento, traducida a muchos idiomas y considerada imprescindible por los críticos de entonces. Su importancia ha ido diluyéndose con el tiempo. Fue flor de un día, como casi todo. El libro yace descolorido en un rincón cualquiera de mi biblioteca. No recuerdo los detalles de esta historia de escándalos y chismes, la memoria es imperfecta e impredecible. Sin embargo, hay dos fragmentos que me quedaron grabados, impresos para siempre en la memoria.

Uno de ellos narra el encuentro casual de uno de los protagonistas, un joven estadounidense recién llegado a París, aspirante a novelista y vividor profesional, con la escritora y periodista francesa Colette. En un momento de candidez, ante una pregunta de su célebre interlocutora, el joven hace una confesión: "No sé qué espero de la vida, pero sí sé lo que me gustaría ser, un adulto".

La respuesta de Colette es inolvidable (lo fue para mí, al menos):

Eso es lo que ninguno de nosotros podrá ser nunca, una persona adulta [...] Libre de malignidad, envidia, codicia y culpabilidad. Imposible. Voltaire, incluso Voltaire, llevó

un niño entre sí toda su vida, un niño envidioso y malge-
niado, un muchacho obsceno que siempre se olía los dedos.
Y Voltaire llevó ese niño hasta su sepultura como haremos
todos nosotros hasta la nuestra. Lo mismo podríamos decir
del Papa en su balcón, soñando con la carita perfecta de un
guardia suizo. Y el juez británico bajo su exquisita peluca,
¿en qué piensa cuando envía un hombre a la muerte? ¿En
la justicia, en la eternidad y en cosas serias? ¿O acaso se
pregunta en cómo se las podrá arreglar para que lo elijan
miembro del Jockey Club? [...] Tenemos por supuesto algunos momentos adultos, dispersos aquí y allá, y de ellos,
el más importante es la muerte.

El segundo fragmento es trivial en apariencia. Un
pequeño paréntesis, una anécdota menor en la novela y
en la vida del protagonista. Este llevaba ya varios meses
viviendo en Nueva York. La fascinación inicial comenzaba
a diluirse, a romperse, poco a poco, bajo el peso infinito
de múltiples miradas. Su protectora de entonces, una
escritora decadente y dominante, le dio a cumplir una
pequeña tarea. Una sobrina venía a Nueva York de visita
y debía llevarla a recorrer la ciudad, a pasear de nuevo por
las calles, que había recorrido meses atrás con la felicidad
del recién llegado.

"Recuerdo esos días con nostalgia... Fue como meter-
me en su cabeza y poder así observarlo y saborearlo todo
desde ese observatorio virginal", confiesa el protagonista.
Treinta años después aún recuerdo esta anécdota literaria,
perdida en una novela ya olvidada. No pretendo buscar-
les explicaciones a los caprichos de la memoria (es un
ejercicio especulativo y engañoso). Basta con decir, por

ejemplo, que, en algún momento, durante los primeros días del año, con la luz renovada del mes de enero, muchos hemos vivido la felicidad de sentirnos turistas en nuestra propia ciudad. La felicidad de abrir los ojos y salir, momentáneamente, de la sombra de la rutina.

Hace cinco años, en unas vacaciones, mientras hacía fila en un aeropuerto, leí un fragmento similar, una anécdota personal de otro escritor estadounidense, George Saunders. Volaba Saunders de Chicago a Siracusa, en el estado de Nueva York. De repente, oyó un ruido seco en un costado del avión. Un humo negro llenó la cabina en pocos segundos. Saunders comenzó a repetir irracionalmente "no, no, no, no...", mientras el piloto, con inocultable pánico en la voz, les pedía a los pasajeros permanecer sentados con sus cinturones abrochados. Saunders solo atinó a cogerle la mano a una pasajera que lloraba calladamente del otro lado del pasillo. Así estuvieron por varios minutos, congelados, esperando la muerte. Al final no pasó nada: el avión regresó a Chicago y aterrizó sin problemas. Los pasajeros pudieron seguir con sus rutinas. Simplemente, habían sumado una anécdota más a sus vidas. Pero, cuenta Saunders, que durante los días siguientes al incidente vivió en un estado de excitación. Disfrutaba cada instante. Saboreaba cada bocado. Apreciaba todos los colores, todos los pliegues de la realidad. Había recuperado su capacidad de asombro. La inminencia de la muerte le había devuelto la vida. "Si uno pudiera caminar así todo el tiempo, con la conciencia de que todo va a terminar, ahí está la clave", escribió después.

Varias décadas atrás, Carl Sagan había dicho lo mismo de forma aún más directa: "Estar a punto de morir es una experiencia tan positiva, tan formadora, que la recomendaría a cualquier persona, salvo, por supuesto, por el irreductible y esencial elemento de riesgo". No hay mejor descripción, creo, del "efecto Saunders".

* * *

Yo también experimenté el "efecto Saunders". De una manera diferente, pero comparable. Una mañana, me levanté con una sensación de llenura, abotagado, inapetente. Doce horas después estaba recibiendo una noticia inesperada que cambió mi vida para siempre: "usted tiene cáncer". Nada más y nada menos. Ya contaré los detalles del diagnóstico y el tratamiento. Más allá de los aspectos terapéuticos, o clínicos, de la inclemencia de la enfermedad, el cáncer me cambió la vida. Me hizo sentir como el personaje de Capote (y su perspectiva virginal) y como Saunders (y su conciencia de la mortalidad).

Ya había superado la mitad de mi tratamiento. No tenía un solo pelo en el cuerpo, con la excepción, quizás, de algunas hebras hirsutas, que mal poblaban lo que habían sido mis cejas. No había perdido toda la vitalidad, pero una infección me estaba enloqueciendo. No paraba de toser. Tosía de día y de noche. Sin tregua. Como un prisionero a merced de un torturador perverso, que había encontrado una forma eficaz de cumplir su cometido. Estaba listo para confesarlo todo.

Pasé un fin de semana en el hospital. La tos solo era interrumpida por los cambios de turno de las enfermeras, que medían escrupulosamente mis signos vitales. La fiebre iba y venía de forma caprichosa. Los antibióticos parecían ser capaces de mantener a raya la infección, pero no de eliminarla por completo. Con el pasar de los días me fui llenando de un desgano inédito, de una falta de vitalidad, que no había experimentado jamás.

Salí de la clínica días más tarde. Llegué a la casa un lunes al mediodía (al día siguiente jugaba la selección Colombia en Barranquilla). Me recosté en la cama a celebrar mi regreso a la vida, el asombro de estar vivo. Hice, entonces, un recuento de las cosas que me gustaría hacer. Quería compartir la lista con mi esposa y mi familia. Las escribí en el teléfono lentamente, secándome las lágrimas cada cierto tiempo.

Decidí publicar la lista en una red social. Fue un impulso repentino, no meditado. Probablemente, quería llamar la atención sobre la dimensión más obvia de la felicidad: la de contemplar el mundo, la de estar vivo. La lista causó una pequeña conmoción. Fue compartida y leída por mucha gente. Caí en la cuenta, entonces, de que de vez en cuando, cada cierto tiempo, vale la pena mirar el mundo con los ojos nuevos del turista o del condenado.

COSAS QUE ME GUSTARÍA HACER

» Ir a Barranquilla, ver el partido de Colombia y olvidarme de todo, soltar diez o veinte hijueputazos y después, gane o pierda la selección, tomarme tres cervezas a la salida del estadio, echar carreta y especular, tranquilamente, sobre lo que fue y lo que pudo haber sido.

» Salir a caminar por la carrera Séptima, llegar hasta la calle 70, bajar por Quinta Camacho hasta la librería San Librario, comprar dos libros viejos, devolverme caminando, pensando en los problemas y las inclemencias del día, llegar a la casa, acariciar los libros, leerlos a medias, ubicarlos en la biblioteca y sentir que, desde allí, de lejos, como si irradiaran algo, me hacen feliz.

» Abrir el periódico, escoger una película al azar, cualquiera, sin grandes estrellas, llamar a mi esposa, encontrarnos, entrar a cine, ver la película, tomarnos después un café y hablar sobre la vida, los hijos que siempre nos sorprenden, la tragicomedia de las oficinas, las películas que hemos visto y las que hemos dejado de ver.

» Salir al parque con mi hijo y hablar, cogidos de la mano, mientras damos vueltas y vueltas, sobre los temas de siempre, la raza del próximo perro, la indiferencia de los gatos (casi como la del universo), la inutilidad de las tareas y los videojuegos (que son como la vida).

» Salir de la casa con mi esposa avanzada la tarde, dar la vuelta a la esquina, entrar al restaurante italiano, sentarnos en una mesa, no frente a frente, sino del mismo lado, pedir una botella de vino y brindar porque estamos juntos y porque estar juntos es suficiente razón para brindar y brindar.

* * *

Pasaron las semanas. La tos no cesaba. La tortura no amainaba. Los rigores del tratamiento no disminuían. Yo seguía aferrado a una suerte de resignación estoica, o de estoicismo resignado. Encontré, entonces, un refugio en la poesía. En las admoniciones de los poetas, en sus llamados a disfrutar las diminutas dichas. "Estoy cayendo en la autoayuda", pensaba por momentos. "Pero qué más da, en últimas casi todo es autoayuda", respondía, indulgente. En nuestras conversaciones íntimas, todos solemos pasar de la ironía a la autocomplacencia.

Un domingo en la tarde, mientras daba vueltas por un centro comercial enfrascado en mis pensamientos, compuse otra lista heterogénea, otra invitación a valorar las delicias de lo habitual. Llegué a la casa, transcribí la lista en el celular y decidí compartirla nuevamente. Ya tenía menos escrúpulos sobre la autoayuda. La poesía, en última instancia, no es más que una forma sublime de celebración y de protesta, una forma sofisticada de autoayuda, de asumir el absurdo de la existencia sin renunciar a los desafíos de la libertad.

LAS DIMINUTAS DICHAS

» Los escasos segundos entre el trueno rotundo que nos despierta y la lluvia difusa que nos arrulla otra vez.

» El instante en que nos damos cuenta de que la inercia de la responsabilidad no tiene sentido y podemos seguir durmiendo, pues nadie nos espera un lunes festivo temprano en la mañana.

» El asombro cuando miramos el cielo al final de la tarde y vemos la luna completa, perfecta: una presencia rutinaria, pero sorprendente, un milagro repetido, predecible.

» El domingo en la mañana con sus horas lentas y felices, que nos hacen olvidar lo que vendrá unas horas más tarde, la soledad de la existencia.

» Los días previos a un viaje de vacaciones: la sensación de un nuevo comienzo, de un rompimiento; la promesa de la felicidad, que es la felicidad misma.

Hay otras pequeñas dichas que no menciono. La luz de la mañana, la luz de la tarde, una mano en la mano, una boca en la boca, el viento en la cara... "He sido feliz varias veces, casi todas tienen que ver con el viento en la cara", escribió alguna vez un novelista estadounidense.

Yo también he sido feliz algunas veces. Muchas de ellas tienen que ver —no puedo negar el calvinista que hay en mí— con el deber cumplido: un viernes en la tarde, después de una jornada ardua, de terminar un escrito, dar una conferencia o liderar una reunión con éxito, tomarme tranquilamente una copa de vino en compañía, con la convicción íntima de haber hecho la tarea, de haber tratado de hacer las cosas bien. Los ascetas también tienen sus placeres, también viven las diminutas dichas, los momentos felices.

* * *

Tengo una costumbre desde hace varios años. Me gusta levantarme temprano algunos sábados y salir a recorrer librerías de viejo en Bogotá. Voy siempre con la esperanza de encontrar lo que no estaba buscando. La arqueología bibliográfica es un ejercicio interesante. No requiere de mucho conocimiento y siempre tiene sus recompensas. Grandes o pequeñas.

He acumulado algunas de estas recompensas empastadas en mi biblioteca. Siento, como ya dije, que desde allí me hacen feliz. Los libros no leídos son promesas por cumplir. Me gustan, en particular, los libros de poesía en desuso, que nunca estuvieron de moda y esconden versos poco trajinados. La poesía, creo, envejece mejor que la prosa.

Después de haber superado las consecuencias del tratamiento, y de haber recuperado parte de mi vitalidad, pude hacer una de esas cosas que añoraba en los momentos duros de la quimioterapia. Salí temprano de mi casa un sábado en la mañana. Caminé varias cuadras hacia una librería de viejo. Iba despacio, como cumpliendo una promesa. Llegué a la librería con algo de emoción. Hablé con el librero durante una hora. Compré dos libros de poesía casi al azar. Quería, ya lo dije, encontrar lo que no estaba buscando. Regresé a la casa contando los pasos, con la única urgencia de explorar las páginas amarillentas de dos libros impresos antes de mi nacimiento.

Uno de ellos era del poeta salvadoreño Roque Dalton. Tenía un título llamativo, desafiante: *El turno del ofendido*. Fue impreso en Cuba en 1962. Eran los años románticos de la Revolución cubana, idos hace ya mucho tiempo. Hay algunos poemas anacrónicos, loas a guerrilleros uniformados y cosas por el estilo. "Le corregiste la renca labor a Dios / tú oh gran culpable de la esperanza / oh responsable entre los responsables / de la felicidad que sigue caminando.", dice sobre Karl Marx.

Contenía otros poemas intemporales. Imprescindibles. Breves oraciones seculares. La poesía es la única religión que le va quedando a los hombres. Con uno de ellos quiero terminar este capítulo, un poema encontrado por azar, en un libro olvidado. Dalton, quien murió asesinado por sus compañeros de lucha, víctima del dogmatismo y la locura cuasi religiosa de los años setenta, nos llama a cultivar el asombro, a abrir los ojos y a apreciar la verdad de las cosas.

LOS CONSEJOS

—Solamente el asombro me mantiene la vida—
me decía aquel viejo con los ojos a cuestas.

—Al asombro me aferro como el peor ahogado,
el cobarde que araña las mejillas del agua.

Que el asombro te guíe como tu padre cuando
caminabas de niño por los parques floreados.

Que el asombro te guarde de ser muerto en la sombra.

Que el asombro te libre del orín de los días.

Sólo el asombro enseña los coros del silencio.
Sólo el asombro entrega la verdad de las cosas.

Sólo el asombro limpia la mirada del muerto.

PARA LECTORES CURIOSOS

La novela póstuma de Truman Capote, *Plegarias atendidas*, fue publicada en Colombia por Arango Editores en 1988. El título viene de una frase inquietante de Santa Teresa de Jesús: "Se derraman más lágrimas por las plegarias atendidas que por las no atendidas". En uno de mis artículos académicos usé una frase de Capote sobre los caprichos del destino: "¿por qué todo tuvo que terminar así?". Hace parte de su extraordinario ensayo sobre Marilyn Monroe, *Una adorable criatura*. Copio aquí el fragmento entero:

> (Ya se iba la luz. Ella parecía desvanecerse con la claridad, mezclarse con el cielo y las nubes, retroceder y ocultarse detrás. Yo quería alzar la voz por encima de los gritos de las gaviotas y preguntarle: "Marilyn, Marilyn, ¿por qué todo tuvo que terminar así? ¿Por qué es una mierda esta vida?")

El libro de cuentos de George Saunders *Diez de diciembre* fue publicado en el 2013. Combina magistralmente la imaginación, la crítica social y la compasión. Ha sido, en el mundo anglosajón al menos, uno de los volúmenes de cuentos más importantes en lo que va de este siglo. En su libro más reciente, la novela *Lincoln en el bardo*, uno de los personajes hace enumeraciones permanentes de las diminutas dichas de todos los días. Algunas entradas son recogidas en este capítulo.

Me gusta citar una frase de Roque Dalton, una especie de invocación al realismo, de crítica a los demagogos que pululan en todas partes, no solo en la política: "Y ya que hablamos de eso, pregunto: los días de la totalidad, los siglos del dulce hartazgo, los milenios de la alegría obligatoria, ¿no son una suerte de obscena promesa hecha por alguien que nos conoce el lado flaco?". Sobre el asesinato de Dalton (por sus compañeros de lucha revolucionaria) cabe leer el artículo *Cuando salí de La Habana*, publicado en el 2003 en la revista colombiana *El Malpensante*.

II
COSAS QUE PASAN

Pude vivir en otro reino, en otro mundo,
a muchas leguas de tus manos, de tu risa,
en un planeta remoto, inalcanzable.
Pude nacer hace ya siglos
cuando en nada existías
y en mis angustias de horizonte
adivinarte en sueños de futuro,
pero mis huesos a esta hora
ya serían árboles o piedras.
No fue ayer, ni mañana, en otro tiempo,
en otro espacio
ni ocurrirá ya nunca,
aunque la eternidad cargue sus dados
a favor de mi suerte.
Déjame que te ame mientras la tierra siga
gravitando al compás de sus astros
y en cada minuto nos asombre
este frágil milagro de estar vivo.

Eugenio Montejo, *Mientras gire la tierra*

¿Y el propósito de mi vida?
El propósito es vivir

Ivan Goncharov, *Oblomov*

Ese día, el día que cambió mi vida, me desperté abotagado, con una sensación de llenura. No desayuné y salí presuroso hacia una reunión con los secretarios de Salud municipales, en uno de esos auditorios desangelados de los hoteles y centros de convenciones bogotanos. Dicté una charla extensa sobre los desafíos de la salud pública (los accidentes de tránsito, el consumo de drogas ilícitas, la salud sexual y reproductiva...) y respondí preguntas e inquietudes, por casi media hora.

La charla quedó grabada, no para la posteridad, sino para la pedagogía obsesiva, que acompaña la función pública en las democracias mediatizadas del siglo XXI (nuestra civilización del espectáculo). La he visto varias veces, no sin algo de masoquismo. Cada cierto tiempo me inclinaba sobre el pódium, como tratando de evitar una molestia o de ahuyentar un dolor incipiente. Terminé mi intervención, di algunas declaraciones a la prensa y salí hacia mi oficina. El abotagamiento se había convertido en un dolor difuso, soportable, pero persistente. En el recorrido, ocurrió algo insólito: no miré el celular, no lo saqué del bolsillo, donde vibraba con frenesí ministerial. No tenía ánimos de nada.

Al mediodía el dolor ya era muy fuerte. Estaba concentrado en la parte superior del abdomen y, dependiendo de mi posición, irradiaba hacia la espalda. Traté de resistirlo estoicamente, de pensar en otra cosa, de comer algo, pero nada valía. Todo era infructuoso. El dolor se volvió insoportable. Traté de atender una reunión. No pude: entré sin saludar, me senté unos minutos y luego salí, silenciosamente. El estoicismo ya era una forma de temeridad o irresponsabilidad.

Salí hacia una clínica en el norte de Bogotá, fruncido del dolor. No podía sentarme en mi vehículo oficial. Trataba de sostenerme en el aire por medio de una de esas argollas diseñadas para contrarrestar la inercia y sus consecuencias. Cada cierto tiempo me inclinaba hacia adelante con el fin, no tanto de evitar el dolor, sino de distribuirlo mejor. El recorrido tomó casi una hora debido al tráfico vespertino. En esos largos momentos presentí, por primera vez, que el dolor era un síntoma de un problema serio. De vida o muerte.

Los médicos de turno descartaron lo obvio: una apendicitis o un problema en la vesícula. Decidieron, entonces, hacerme una ecografía. No he podido olvidar la cara de preocupación del radiólogo de turno. Mientras yo preguntaba con insistencia: "¿Es preocupante? ¿Es para preocuparse?", él respondía con preguntas puntuales, inquietantes: "¿Ha perdido peso recientemente? ¿Ha tenido sudoración o fiebre?". Yo seguía con mi indagación temerosa, casi suplicante: "¿Debo preocuparme?". Después de un rato, de un silencio eterno, elocuente, respondió con candidez y seriedad: "sí señor, es para preocuparse".

Me hospitalizaron de inmediato. La ecografía había mostrado una gran cantidad de ganglios inflamados en la región retroperitoneal. Al día siguiente, un nuevo examen confirmó las sospechas: tenía un cáncer linfático. Faltaba todavía ponerle nombre y apellido, pero se trataba casi con seguridad de un linfoma. A la salida del examen, el asistente de radiología me dijo algo que no olvidaré: "hoy me toca darle las malas noticias, pero también me tocará darle las buenas noticias más adelante". Ya empezaba a entender que los pacientes de cáncer nos alimentamos, sobre todo, de esperanza.

Pasé dos días en la clínica, todavía con mucho dolor, aliviado por los placeres insospechados, inéditos para mí, de la morfina. Fui operado por primera vez en mi vida con el fin de extraer un manojo de células para la biopsia. Llegué a mi casa un sábado en la tarde. Estupefacto. Confundido. Inmerso en una tristeza profunda, casi paralizante. Me recosté en mi cama y lloré por varios minutos, como no lo había hecho en largo tiempo. Dormí muy poco esa noche. No quise tomar tranquilizantes. Me parecían una forma tramposa de evasión.

Pasé los días de espera, los largos días de espera por los resultados de la biopsia, en un estado de ensimismamiento, de arrobamiento, pensando en los diferentes escenarios probables, ninguno bueno. Mal comía, mal dormía y mal pensaba. Fui a la oficina —al despacho,

como decimos con grandilocuencia burocrática los colombianos—, pero no podía concentrarme. Lo único que
me tranquilizaba era contar el cuento, repetir la prosaica
historia de mi enfermedad: un dolor que se revela como
la punta del iceberg de una catástrofe biológica.

Hacia el final de la semana, recibí el resultado de la
biopsia. Ya mi cáncer (el posesivo me sigue pareciendo
extraño, pero sí, es mío, de nadie más) tenía nombre y
apellido. La histopatología mostró que se trataba de un
linfoma no Hodgkin difuso, de célula grande, tipo B. El
más común de su clase. De buen pronóstico, aparentemente. Concentrado en la región retroperitoneal. Agresivo, pero tratable. "Es curable", me dijo el hematólogo. No
tenía alternativa distinta a la de aferrarme a la esperanza,
pero sabía bien que estaba a merced de la ruleta rusa de
la complejidad biológica.

Ese mismo día escribí una breve carta que contaba,
en sus detalles esenciales, esta misma historia. La había
contado tantas veces que la escribí en veinte minutos,
en una explosión creativa. "Cosas que pasan", la titulé
deliberadamente. No quería asumir un papel de víctima.
Ni maldecir mi destino. Ni hacer reclamos existenciales.
Por entonces, incluso desde antes del diagnóstico, solía
usar en mis discursos una frase de cajón: "ya todos hemos
vivido lo suficiente para saber, para aceptar sin chistar,
que la vida es injusta".

COSAS QUE PASAN

» El jueves de la semana pasada me desperté con una sensación de llenura. Hacia el mediodía me comenzó un fuerte dolor en la parte superior del abdomen. No le puse atención. Traté de pensar en otra cosa. Almorcé malamente. Asistí a varias reuniones. Intenté distraerme con los problemas del día, el mes y el año.

» Hacia las cuatro de la tarde el dolor era insoportable. No pude mamarle más gallo. Las evasivas eran ya una forma de estoicismo imprudente. Salí para la Clínica del Country, torcido por el dolor (literalmente). No voy a contar los detalles (no vienen al caso), pero varias horas después un TAC sugirió el diagnóstico que habría de confirmarse una semana después: tengo un linfoma, en particular, un linfoma no Hodgkin difuso, de célula grande tipo B. De muy buen pronóstico, afortunadamente.

» Nunca había sido hospitalizado. Nunca había recibido anestesia general. Nunca había sido un paciente. Todo eso cambió, súbitamente, en unos cuantos días. Hacía ejercicio regularmente. Comía bien. No me he fumado un cigarrillo en toda mi vida. No soy un asceta, pero mis amigos decían con razón que era un poco aburrido, contenido, cansón. "Toda la vida responsable". Siempre he sido un esclavo del superyó. O, como decía alguien, me dejo mandar muy fácil de la fuerza de voluntad. *"The ways we miss our lives are life"*, dice el poeta.

» Ahora recuerdo la pregunta del polemista y ateo militante Christopher Hitchens: "¿Por qué yo?". También recuerdo su respuesta: "¿Por qué no?". Esto no es un llamado, ni una prueba, ni un castigo, es una enfermedad con causas intuidas, pero, como sucede siempre en el mundo de la complejidad biológica, con un halo de misterio. Tengo confianza en los médicos colombianos y en nuestro sistema de salud. Mi tratamiento será estándar, sustentado en la evidencia, sin apuestas experimentales, ni medidas heroicas. Creo en la ciencia como toca: con escepticismo moderado, con dudas metódicas.

» Cinco años en el Ministerio de Salud me han preparado para los insultos, los agravios y lo peor del corazón humano. Pero también me han dejado cientos de amigos. Al final, eso es lo único que cuenta, el amor y el aprecio de la gente que uno quiere: la familia, los amigos, los compañeros de trabajo, los estudiantes y tanta gente con la que he compartido en tantos lugares diferentes. A todos, un abrazo fuerte. Los quiero mucho. Ya nos encontraremos para seguir viviendo los días, las semanas, los meses y los años. Prometo, eso sí, cambiar un poco, ser menos contenido, un asceta con licencias frecuentes.

* * *

Ese fin de semana me volví a refugiar en la poesía, en las oraciones paganas. Ha sido, por un buen tiempo, mi forma peculiar de rezar, de protestar contra el olvido y celebrar el enigma de la vida. Recuerdo un fragmento de un poema del venezolano Eugenio Montejo que le leí a mi esposa un sábado en la noche. El poema es una celebración del amor y del asombro:

Quizá sean ilusorios los años y sus vueltas
y las horas ausentes
y todas las que fueron.
Solo es verdad tu risa.
más hermosa que los siglos que parten
o que llegan;
solo tu voz, tus ojos, tus palabras
y nuestro asombro de ser aquí la vida,
de celebrarla en cada lumbre de su fuego
hasta el mínimo instante.

* * *

Una vez se hizo pública la noticia de mi enfermedad, comencé el tratamiento, estándar, cubierto plenamente por el sistema de salud y disponible para todo el mundo (ya volveremos sobre este tema en el capítulo seis). Sin embargo, a los pocos días recibí otra mala noticia, una noticia que aumentaba el temor y la incertidumbre. Al caído, caerle. Un examen genético del tumor mostró que un marcador molecular había salido positivo. Las consecuencias no eran del todo claras, el asunto era enigmático, aun para los especialistas. Sea lo que fuere, el cáncer parecía más agresivo de lo esperado y el pronóstico, por lo tanto, mucho peor. A los economistas nos gusta hacer una diferencia entre riesgo (cuando hay certeza sobre las probabilidades), e incertidumbre (cuando no la hay). En este caso —así lo interpreté, al menos— aumentaban tanto el riesgo como la incertidumbre. En fin, el acabose.

Recibí la noticia con desosiego. Traté de entender su significado, sus consecuencias. Recurrí a Google, el memorioso, el sabelotodo, esa especie de conciencia caótica de la humanidad. Encontré rápidamente un estudio que comparaba las tasas de supervivencia en el tiempo de dos tipos de pacientes con linfoma en la China: quienes tenían el marcador positivo (como yo) y quienes no. Los segundos tenían, en principio, una tasa de supervivencia del 80%. Los primeros (mis referentes), de apenas el 40%. No fue fácil digerir una información que recuerdo con horror.

Comencé a buscar estudios similares. Me convertí en un lector desaforado de literatura médica. Mientras más leía, más me angustiaba y más quería seguir leyendo, en busca de un estudio providencial que me tranquilizara. Caí en un círculo vicioso, en una suerte de caos mental. No dormí durante dos días. Las consecuencias para la salud mental de, digamos, un exceso de información, sin conocimiento, sin capacidad de discernimiento, pueden ser desastrosas. Ya lo sé por experiencia propia.

Una de esas noches mi hijo Tomás se me acercó vacilante y me dijo temeroso, como tratando de averiguar una verdad hiriente: "¿qué te pasa papi?". Yo me quedé callado por varios segundos y respondí sollozante una frase de la que todavía me arrepiento: "creo que te vas a quedar sin papá". La angustia fue transmutando en tristeza, en una especie de resignación melancólica.

Una tarde de esa misma semana tuve otro momento doloroso. "Los humanos no estamos hechos para la vida", dice el poeta. Había regresado temprano a la casa y me distraje respondiendo correos electrónicos: una entretención de burócrata, una terapia extraña, pero eficaz. Estaba concentrado en el asunto cuando, súbitamente, sentí llegar a Tomás, oí sus pasos rápidos y felices. Presurosos. Cerré los ojos y entendí, entonces, que mi tristeza tenía una sola causa: la posibilidad de separarme de mis hijos, abandonarlos a destiempo.

Había leído, en una novela del español Antonio Muñoz Molina, que existe una última vez, un último día en el que caminamos de la mano de nuestros hijos. Ya han crecido, ya quieren ir solos, una tarde recorremos de sus manos unos pocos metros en alguna playa o en los alrededores de nuestra casa. Esa misma tarde los soltamos para siempre. Suena dramático, sin duda, pero sentía que todavía me faltaban muchas caminatas cogidos de la mano, al menos con mi hijo menor. Para no hablar de las clases de álgebra y trigonometría. Ni de los mundiales de fútbol que queríamos ver juntos.

Pasó el tiempo y logré recobrar el optimismo. Tuve varias charlas informativas y aleccionadoras con mis médicos. Entendí que mis extrapolaciones, basadas en estudios imperfectos, eran equivocadas. Dejé de leer literatura médica. No volví a hacerle preguntas imposibles a Google, ese oráculo ambiguo. Decidí confiar en el tratamiento, en las bondades de la medicina moderna y en los médicos colombianos. Seguramente, el marcador molecular señalaba algún riesgo adicional, pero sin duda valían mucho más mis deseos de salir adelante y ver crecer a mis hijos.

* * *

Por los mismos días, recibí miles de mensajes de solidaridad y cariño. Yo estaba acostumbrado a los insultos y a las críticas. Ese era mi mundo: el de la controversia intelectual, el del debate. No sabía qué hacer con tanto afecto. "Uno se defiende más fácil del odio que del amor", repetía entonces, aturdido. Traté de responder la mayoría de los mensajes, pero no pude. No había cómo. La ingratitud siempre me ha parecido el peor de los defectos.

Conocí de primera mano otro lado del corazón humano, los impulsos altruistas de los que había leído con entusiasmo en la *Teoría de los sentimientos morales* de Adam Smith. Nuestra empatía. Nuestra capacidad para sentir el dolor y la soledad del otro, al menos por los minutos que toma escribir un mensaje. Leía cada noche cientos de mensajes de mis amigos, mis estudiantes y mis compañeros de trabajo. Recibí palabras solidarias de pacientes de todo el país, de médicos y enfermeras, de ciudadanos del común, que querían darme una voz de aliento. Recuerdo, por ejemplo, las palabras inspiradoras del periodista Daniel Samper Pizano:

> Hace unas semanas, cuando aún me encontraba en Bogotá, los vi a usted y a su hijo por los lados de la calle 80 con carrera 9ª. Se dirigían muy contentos a practicar baloncesto en el parque. En ese momento me hizo acordar de cuando, aaaños aaantes, yo hacía lo mismo con mi hijo, Daniel, pero con un balón de fútbol. Al leer una entrevista en *El Tiempo* se apareció de inmediato aquella imagen del parque de la 80 y no resistí la tentación de escribirle un par de renglones para decirle que entiendo perfectamente lo que siente y lo que dice, que le deseo que se reponga pronto de lo que las señoras llaman discretamente "sus quebrantos", que regrese al parque con su hijo y que persevere en la tarea que está haciendo en el ministerio. Confío en que así será.

Ante la avalancha de mensajes, yo solo atinaba a responder, indefenso, con la guardia abajo, atónito: "agradecido por siempre". Este libro es, en parte, un acto de gratitud, un testimonio imparcial, e imperfecto, de reciprocidad, una declaración de afecto para muchos amigos y ciudadanos.

En los meses previos a mi diagnóstico había confesado mi ateísmo, mi escepticismo esencial, mi descreencia en un dios omnisciente, capaz de leer nuestros pensamientos y juzgar nuestras acciones. No creo, dije, en la vida después de la muerte. Incluso, había vociferado mi desprecio hacia los mercaderes de la inmortalidad: la religión organizada y la industria farmacéutica. Lo hice, primero, de manera prudente en un ensayo personal y, después, de forma más exhibicionista, en un noticiero de televisión en espacio triple A. Me había convertido en un ateo visible, preeminente; en un blanco atractivo para el dogmatismo religioso.

Algunos católicos celebraron mi enfermedad; mi insolencia, decían ellos, castigada de manera eficaz por un creador enardecido, herido en su amor propio, por un burócrata de un país insignificante. Sin embargo, la mayoría tuvo una reacción distinta. Oraciones, bendiciones, efigies y escapularios comenzaron a acumularse en mi computador y en mi escritorio. Yo los recibía con respeto, con cariño, pensando en las palabras esclarecedoras de Fernando Pessoa: "Nunca olvidarás, cuando ataques la religión en nombre de la verdad, que la religión difícilmente puede ser sustituida, y que los desgraciados hombres gimen en la oscuridad".

La enfermedad no me cambió un ápice. No tuve arrepentimientos, ni dudas dogmáticas. Tampoco instantes de debilidad. Uno no puede ignorar lo sabido, lo leído y lo pensado. Mi ateísmo se había afianzado plenamente, después de mis lecturas obsesivas de Charles Darwin, veinte años atrás. Aún conservo un ejemplar de la sexta edición del *Origen de las especies*. Aspiro a que se convierta en un amuleto familiar, en un testimonio que viaje en el tiempo, de generación en generación. Hay grandeza en esa visión de la vida, que prescinde de los falsos consuelos. La muerte es para siempre.

CHARLES DARWIN, EL NATURALISTA QUE REVELÓ NUESTRO
ORIGEN HUMILDE Y ACABÓ CON NUESTROS SUEÑOS DE GRANDEZA

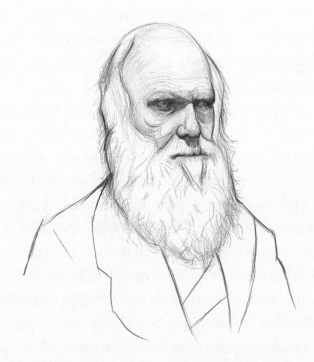

Rechacé las propuestas de muchos creyentes de una conversión oportunista, de última hora. No por fidelidad a mis principios, ni honradez intelectual. Si los ateos pudieran arrepentirse, lo harían, escribió alguna vez el polemista inglés Christopher Hitchens (quien murió de cáncer, casualmente), pero la religión no puede consolar a quienes renunciaron para siempre a la superstición. Yo sé, íntimamente, que la muerte es el fin. Y punto.

Sin embargo, la enfermedad sí me exacerbó el existencialismo, la soledad ontológica, el miedo al vacío. Volví a repasar una colección de frases que escribía de vez en cuando en una libretica amarilla, gastada por el tiempo: "Yo sé que estoy vivo entre dos paréntesis"; "Así la vida será venir la muerte lentamente"; "Para nosotros, los más efímeros de todos, una vez cada cosa"; "Así me quiero morir yo, llorando en mi interior por lo que no tiene remedio...".

Practicaba, recuerdo bien, una especie de aritmética existencial. Mi hijo me dijo hace unos años: "papi, no somos nada, somos un punto...". No le respondí en ese momento. No estaba preparado para esa confesión de existencialismo precoz, pero después del cáncer solía contestarle mentalmente: "así es, Tomás, somos un punto, solo eso. Hay casi quinientos mil millones de estrellas en la Vía Láctea y más de quinientos mil millones de galaxias en el universo. La Tierra le ha dado cuatro mil millones de vueltas al sol. Nosotros le daremos ochenta, si tenemos suerte, quizás, un poco más. Somos un punto en el espacio y en el tiempo. Nuestro corazón da tres mil millones de latidos; ese es el tiempo que tenemos, hay que vivirlo de la mejor manera".

Leí muchas veces la hermosa carta abierta que escribió Ann Druyan, la esposa de Carl Sagan, después de la muerte (de cáncer) de uno de mis héroes de juventud. Sus palabras son un canto a la vida:

> Me preguntaron con frecuencia si creo que lo volveré a ver. Carl enfrentó su muerte con coraje y tenacidad y nunca buscó refugio en ilusiones. La tragedia fue que los dos sabíamos que nunca nos volveríamos a ver. No espero volver a reunirme con Carl. Pero lo más grandioso es que mientras

estuvimos juntos, por casi veinte años, vivimos con una apreciación real de lo breve que es la vida y lo preciosa que es. Nunca trivializamos el significado de la muerte fingiendo que era algo más que una separación definitiva. Cada momento que estuvimos vivos y juntos fue milagroso, pero no en el sentido de inexplicable o sobrenatural.

Leí también a Albert Camus, sus disquisiciones sobre el absurdo, sobre nuestra responsabilidad de encontrarle un sentido a lo que probablemente no lo tiene, la vida humana.

Sísifo enseña la fidelidad superior que niega a los dioses y levanta las rocas. Él también juzga que todo está bien. Este universo sin amo no le parece estéril ni fútil. Cada uno de los granos de esta piedra, cada trozo mineral de esta montaña llena de oscuridad forma por sí solo un mundo. El esfuerzo mismo para subir a la cima basta para llenar el corazón de un hombre.

Hay que imaginarse a Sísifo feliz.

Estas fueron, en fin, mis oraciones de celebración de la vida y protesta contra las cosas que pasan a veces, cuando un día, porque sí, nos levantamos con un dolor de estómago que nos recuerda el frágil milagro de estar vivos.

PARA LECTORES CURIOSOS

Supe por primera vez del poeta venezolano Eugenio Montejo hace diez años. La poeta colombiana María Gómez lo citó con emoción y urgencia en su discurso de grado de la Universidad de los Andes. Me ha acompañado desde entonces. Sus libros, como recomendaba el poeta Joseph Brodsky, están distribuidos por toda la casa, en la mesa de noche, en el escritorio; algunos, unos pocos, esperan pacientemente su turno en la biblioteca. Hacen parte de mi vida. Los recomiendo sin vacilaciones.

El libro *Mortalidad* del polemista y ensayista inglés Christopher Hitchens es una referencia clave, recurrente en este libro. Hitchens fue un ateo impenitente que escribió con lucidez sobre la muerte y el cáncer. "Uno no lucha contra el cáncer", escribió. La metáfora no funciona. No hay ninguna actividad, ninguna resistencia. Todo lo contrario: solo pasividad, inapetencia y una confusión casi paralizante. Nada que sugiera la imagen de un revolucionario en el campo de batalla. El enfermo de cáncer es un negociador triste: entrega una parte de sus facultades a cambio de unos años más en este mundo. La frase "nunca olvidarás, cuando ataques la religión en nombre de la verdad, que la religión difícilmente puede ser sustituida, y que los desgraciados hombres gimen en la oscuridad" la tomé del compromiso de Alexander Search, uno de los heterónimos del poeta portugués Fernando Pessoa y habitante del infierno, con Jacob Satanás, señor, aunque no rey, del mismo sitio.

La carta de Ann Druyan a su esposo Carl Sagan la leí por primera vez en el libro de Sean Carroll *The Big Picture: On the Origins of Life, Meaning and the Universe Itself*. No hay dios, ni propósito, ni significado intrínseco, ni alma, ni vida después de la muerte, solo un universo indiferente, sugiere Carroll. Pero hay grandeza en esta visión del mundo. El universo no se preocupa por nosotros, pero nosotros sí nos ocupamos del universo. Por ejemplo, las historias, los descubrimientos sobre el origen de la vida y de la conciencia son fascinantes. El universo pensándose a sí mismo. Carroll propone un enfoque particular, que he hecho propio: el naturalismo poético, que prescinde de lo místico y celebra el asombro, la belleza y el misterio de la vida.

A propósito, vale la pena citar nuevamente a Voltaire: "Átomos atormentados sobre este montón de barro, que la muerte devora y con el que juega la suerte, pero átomos pensantes, átomos cuyos ojos, guiados por el pensamiento, han medido los cielos".

El mito de Sísifo de Albert Camus es también una celebración de la vida. Lo leo cada cierto tiempo con la misma emoción y devoción de siempre. Me gusta ese existencialismo festivo, celebratorio. Todos tenemos algo de Sísifo: la capacidad de darle significado a lo insignificante y asumir el absurdo sin renunciar, como ya lo dije, a los desafíos de la libertad.

III

CONEXIONES

El papel que uno asume acaba por convertirse en verdadero, la vida es experta en esclerotizar las cosas, y las actitudes se convierten en opciones.

Antonio Tabucchi, *Pequeños equívocos sin importancia*

Biology's most profound insight into human nature, status, and potential lies in the simple phrase, the embodiment of contingency: Homo sapiens is an entity, not a tendency.

Stephen Jay Gould, *Wonderful Life*

A finales de los años ochenta, trabajé durante algún tiempo en una compañía constructora. Debía hacer un seguimiento estricto, tanto a las finanzas de varios proyectos de vivienda, como al pago de las cuotas iniciales por parte de los diferentes compradores. Era un trabajo prosaico. Rutinario. Casi insoportable para un ingeniero —que más tarde encontraría refugio en la economía— con aspiraciones humanistas y reservas frente a la excesiva instrumentalización de la educación. La única dimensión poética del trabajo era, tal vez, el nombre de uno de los proyectos: "Cerros del Escorial".

Solía, entonces —sobre todo al mediodía, en la hora de almuerzo—, frecuentar una librería cercana a mi oficina, a mi lugar de trabajo, ubicada como si faltaran elementos prosaicos, en el último piso de un edificio de parqueaderos. Compraba, de vez en cuando, algún libro y lo dejaba descansar por un tiempo encima de mi escritorio, al lado del computador IBM de pantalla verde que me servía para identificar a los morosos: familias de clase media que, en un arranque de optimismo, habían creído, equivocadamente, que podían vivir, digámoslo así, en las montañas del Escorial de la que era, por entonces, la ciudad más violenta del mundo: Medellín.

En una de esas visitas a la librería de marras compré un libro de cuentos del escritor italiano Antonio Tabucchi. Tenía un nombre llamativo, casi irresistible: *Pequeños equívocos sin importancia*. El primer cuento del volumen, que le da nombre al libro, cuenta una historia fascinante que he leído muchas veces y que convertí en una especie de arquetipo, en un resumen esencial de una de mis pocas convicciones íntimas: la naturaleza azarosa, contingente, impredecible e imprevisible de la vida. "Todo lo que pasa tiene probabilidad cero, pero pasa", decía uno de mis profesores de bachillerato.

En el cuento, un joven delega en un amigo la tarea de inscribirlo en la carrera de filosofía en una universidad regional (estaba de viaje y no alcanzaba a llegar a tiempo). El encargo fracasa, ocurre un pequeño equívoco sin importancia. El joven queda matriculado en la carrera de leyes, pero decide no cambiarse. Acaba enamorándose de una profesión ajena a sus sueños juveniles (todos, en una u otra medida, nos enamoramos de lo que somos y renunciamos a lo que quisimos ser). El protagonista se convierte en juez y, años más tarde, resulta condenando a su amigo por terrorismo. "La vida termina por esclerotizar las cosas", reflexiona el narrador: por darles un peso que inicialmente no tenían.

En la década del noventa, estuve suscrito por varios años a la revista *Scientific American*. Quería estar actualizado en los avances de la ciencia. Leía con entusiasmo una columna escrita por el periodista inglés James Burke, titulada *Conexiones*. La columna mostraba, con ejemplos tomados de la historia de la ciencia y la tecnología, las improbables conexiones entre todo lo que pasa, los pequeños accidentes históricos que desatan procesos acumulativos y terminan, por azar, definiendo el rumbo de la evolución de los seres vivos y las creaciones humanas. Por conexiones azarosas, en unos países se conduce por el lado derecho de la vía, y en otros por el izquierdo. Por las mismas razones, el teclado con el que estoy escribiendo este libro empieza con las letras QWERTY. Etcétera.

Un ejemplo interesante, que ilustra las conexiones imprevisibles de la historia, es la evolución del signo arroba (@). Leí la historia mientras me recuperaba de una de mis quimioterapias y vale la pena traerla a cuento en este capítulo. La palabra española "arroba" viene de la expresión árabe *arrúb*, que significa una cuarta parte de un quintal (cien libras). El uso repetido de esta palabra llevó a la abreviación @, la cual ya aparece en los documentos mercantiles castellanos del siglo xv. Con el tiempo, la abreviación pasó al portugués y al francés, y más tarde al inglés. Su uso fue cambiando: en el siglo xviii ya no hacía referencia a una medida de peso en desuso, sino a la expresión general "de a" (por ejemplo: doce panes @ 1.000 pesos). A finales del siglo xix, el símbolo @ fue introducido en el teclado de las máquinas de escribir más populares, sobre todo en Estados Unidos. Casi un siglo después, en 1971, el ingeniero de sistemas Ray Tomlinson, quien por entonces estaba enfrascado en la tarea de asegurar una comunicación expedita entre programadores, que trabajaban desde diferentes computadores, decidió adoptar una convención caprichosa: los programadores debían escribir el nombre del usuario seguido del nombre del computador, separados por el símbolo @.

"En esencia escogí un símbolo que no se usara mucho. No había muchas opciones, no lo eran ni la coma, ni el signo de exclamación. Pude haber usado el signo igual, pero no tenía mucho sentido", dijo Tomlinson años más tarde. De esta manera, el símbolo @ fue incorporado, primero, en las direcciones de correo electrónico y, más tarde, en los perfiles de redes sociales como Instagram y Twitter. Estaba destinado al olvido, pero una contingencia histórica, imprevisible, lo convirtió en el símbolo de una nueva era de la humanidad. La historia de la @ también puede ilustrarse a partir de su aparición en millones de libros escaneados por Google, otro símbolo de nuestros tiempos (ver gráfico, el año corresponde a la fecha de publicación). A comienzos de los años noventa, intempestivamente, los libros se llenaron de "@". La historia es caprichosa, ya lo hemos dicho.

Sería tonto decir que el signo @ estaba predestinado a cumplir un papel preponderante en la era digital, que la divina providencia controla todos los detalles de la historia humana, con obsesión caprichosa. Simplemente, pasó lo que pasó. Si retrocediéramos la película y volviéramos a poner en movimiento la historia, el destino de @ seguramente sería otro, el del olvido y la irrelevancia (como el de casi todo). Muchas veces, la única forma de entender la lógica del mundo (o, más bien, la falta de lógica) es mediante la descripción exhaustiva de los pasos, de las conexiones improbables de la historia de la vida.

APARICIÓN DEL SÍMBOLO @
EN LOS LIBROS ESCANEADOS POR GOOGLE

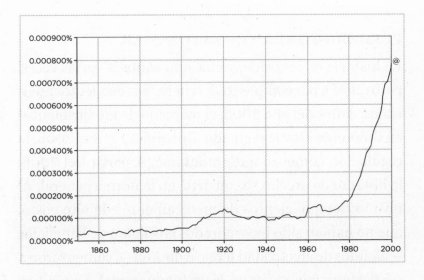

Yo no creo en el destino. Las cosas simplemente pasan. Mi vida pudo haber sido otra, pero de todas las vidas que habría podido vivir, he vivido esta, imposible de prever hacia adelante y susceptible de ser narrada hacia atrás. Los seres humanos —los periodistas deportivos son el caso más representativo— somos expertos en dar explicaciones estructurales al azar, en inventar historias, a partir de la aleatoriedad. Confundimos lo fortuito con lo necesario. Nuestro deseo de contar historias es irrefrenable.

La vida está llena de conexiones interesantes, no místicas, pero sí dignas de mención. "Las cosas le pasan a quien sabe contarlas", dice el poeta. Vale la pena, pues, contar las conexiones entre mi cáncer linfático (vuelvo con el posesivo) y mi labor como ministro de Salud. La predestinación no existe, pero la vida, insisto, está hecha de conexiones, de trayectorias azarosas dignas de ser contadas.

PRIMERA CONEXIÓN: RITUXIMAB

La historia es conocida, ya ha sido contada varias veces, pero quiero, por completitud, reiterar sus elementos esenciales. Antes del año 2002, el mercado de medicamentos en Colombia estaba regulado. Entre el 2002 y el 2006, la regulación comenzó a desmontarse. A partir del 2006, la libertad de precios se convirtió en la norma general. Al mismo tiempo, cientos de medicamentos de alto costo, que no habían sido incorporados en el plan de beneficios —algunos de efectividad tenue o dudosa—, comenzaron a ser pagados con recursos de un fondo estatal. La política pública mandaba así un mensaje peligroso: "pagamos por todo y lo hacemos a cualquier precio".

Una vez el Estado comenzó a pagar, dócilmente, lo que los vendedores de medicamentos decidían cobrar, se multiplicaron las facturas (y los abusos). Los pagos ("recobros", en la jerga del sector) aumentaron de manera exponencial, pasando de $247.000 millones en el 2006 a $2,4 billones en el 2010. Fue una fiesta con consecuencias ruinosas, literalmente. Las deudas de los pagadores crecieron de manera acelerada. Los patrimonios de las compañías aseguradoras se deterioraron rápidamente y la confianza pública en el sistema de salud se fue perdiendo, diluyendo en medio de los escándalos.

En el 2011, comenzaron a corregirse algunas de estas distorsiones. El gobierno estableció topes obligatorios a los precios pagados por el Estado por miles de medicamentos. La medida frenó el crecimiento explosivo de los pagos por medicamentos de alto costo, pero fue insuficiente. No resolvía todos los abusos.

Llegué al ministerio en septiembre del 2012. Desde mi llegada a un cargo difícil, lleno de problemas ("estos cargos son trituradores de personas", me dijo años más tarde un empresario latinoamericano), supe que una de mis tareas más urgentes era poner en práctica una regulación de los precios de los medicamentos, que evitara los abusos históricos y salvara al sistema de salud de una quiebra inminente, catastrófica. Encontré una parte de la tarea adelantada: ya existía una conceptualización de la metodología, de la forma de abordar un problema complejo, tanto en los aspectos técnicos, como en la economía política (el poder de la industria farmacéutica no debe subestimarse, aprendería con el tiempo).

Yo era parte de un equipo de funcionarios, de burócratas en el buen sentido (utilitaristas con corazón, los llamaba para mis adentros). En el año 2013, dimos el paso definitivo: pusimos en marcha la regulación de precios de los medicamentos. La metodología impuso unos topes estrictos a los precios de medicamentos monopólicos, o concentrados, esto es, intervino los mercados en los cuales la competencia era inexistente, o insuficiente.

La regulación compara los precios pagados en Colombia con los precios observados en un grupo de diecisiete países de referencia. El precio interno —es decir, lo pagado por el sistema y por los colombianos— no puede superar el precio observado en el país con el tercer o cuarto precio más barato. La regulación le puso coto a la fiesta de la libertad absoluta de precios.

La primera ronda de regulación incluyó casi 200 medicamentos. Entre ellos estuvo el rituximab (o MabThera, su nombre comercial), producido por la compañía multinacional suiza Roche. Este medicamento había estado en el centro de la polémica sobre los abusos de precios. Fue el más recobrado al sistema de salud durante la segunda mitad de la década anterior. Solo por cuenta del sobreprecio del rituximab el sistema perdió 70 mil millones de pesos entre el 2007 y el 2009, según cálculos de la Federación Médica Colombiana. El siguiente gráfico muestra el precio de este medicamento antes y después de la regulación. Las diferencias son abismales, para usar un adjetivo manido.

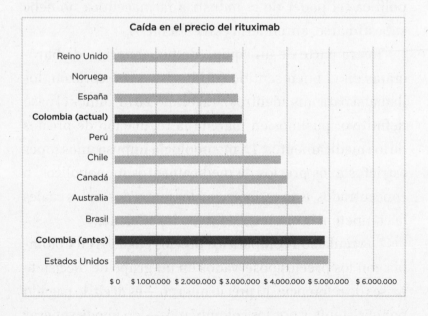

El rituximab es un medicamento biotecnológico obtenido por ingeniería genética. En Estados Unidos fue aprobado hace ya veinte años para tratar, entre otras patologías, el linfoma no Hodgkin de célula grande tipo B, el mío. Expliqué muchas veces la regulación de precios. Usé el ejemplo del rituximab, repetidamente. Decía, en su momento, que servía para tratar una forma de cáncer linfático, común sobre todo en la población adulta. Hablaba del linfoma en teoría, como quien describe un paisaje extraño, entrevisto, tal vez, en los libros, pero alejado de cualquier experiencia propia. El cáncer linfático no estaba en mis planes, sobra decirlo.

Mi tratamiento tenía un nombre extraño, un acrónimo de los nombres del coctel de medicamentos, que me aplicaron cada tres semanas, durante seis meses: R-EPOCH. La R corresponde al rituximab, el medicamento en cuestión. Era el primero que me ponían, al comienzo de cada ciclo, inicialmente de manera intravenosa, después con una simple inyección en los pliegues del estómago. Siempre, en una reiteración obsesiva, le decía a la enfermera: "a ese medicamento le bajé el precio". La enfermera me miraba con curiosidad, acostumbrada, quizás, a la locuacidad impertinente de los pacientes con cáncer.

El rituximab constituye, sin duda, un avance significativo en el tratamiento de los linfomas. Mi salud ha dependido en parte de ese avance tecnológico. La salud de muchos pacientes depende del menor precio. La vida, ya lo dijimos, tiene sus conexiones interesantes. Nadie sabe para quién trabaja.

SEGUNDA CONEXIÓN: GLIFOSATO

Las aspersiones aéreas con glifosato no hicieron parte de mis preocupaciones iniciales como ministro de Salud. Durante mis primeros años en el ministerio no tuve mucho contacto con ese tema crucial, que afecta la salud pública, el medio ambiente y la construcción de paz. En mis primeras reuniones el asunto fue mencionado solo de forma marginal, en los días previos a algún debate en el Congreso, o cuando surgían inquietudes generales de los medios de comunicación.

Durante mi carrera académica, en mis años en la universidad, había tenido, eso sí, una preocupación extendida, sempiterna casi, por la política antidrogas. Uno de los artículos de mi tesis de doctorado estudió minuciosamente de qué manera el narcotráfico transformó a Colombia en uno de los países más violentos del mundo en menos de una década. El mismo artículo escudriñó las razones —los accidentes históricos, digamos— que llevaron a Colombia a consolidarse como el mayor exportador de cocaína. La migración de miles de trabajadores de la industria textil antioqueña, al noreste de Estados Unidos en los años sesenta, entre otros factores desconocidos, tuvo un papel importante.

En 2011, un año antes de mi posesión como ministro, había editado, en conjunto con Daniel Mejía, un libro sobre política antidrogas en Colombia. El libro volvía sobre un tema crucial: el fracaso de la lucha contra las drogas. Abogaba por el sentido común, por políticas públicas que tuvieran en cuenta la evidencia científica y los derechos humanos. Uno de los capítulos mostraba, con cifras, sin rodeos, que las aspersiones aéreas con glifosato atizaban el conflicto armado y menguaban la confianza en las instituciones. Nada decía el libro, sin embargo, sobre el impacto en la salud de la gente, de miles de campesinos, para quienes la presencia más visible del Estado era una avioneta rociando veneno.

En marzo del 2015, recibí intempestivamente una noticia de las autoridades sanitarias globales. Parecía caída del cielo. La revista científica *The Lancet Oncology* acababa de publicar el resumen de una monografía, realizada por un grupo de expertos de la Agencia Internacional de Investigación sobre Cáncer (IARC, por sus siglas en inglés), acerca de las propiedades carcinogénicas del glifosato. La principal conclusión era contundente: el glifosato probablemente es carcinogénico. Los estudios in vitro y con animales indicaban una conexión causal y los estudios en humanos mostraban una estrecha asociación entre la exposición al glifosato y el cáncer.

La noticia tenía consecuencias evidentes, casi inmediatas. La Ley Estatutaria de Salud, aprobada dos años atrás, establecía de manera tajante que el Estado no podía afectar la salud de la población con conocimiento de causa. La Corte Constitucional, en una jurisprudencia repetida, había señalado lo mismo. El principio de precaución, esto es, la prohibición ante la mera sospecha de daño, aplica en este caso y no en el de las fumigaciones de cultivos lícitos por tres razones: el daño es causado directamente por el Estado, la población afectada no puede decidir sobre la exposición al riesgo (como sí lo pueden hacer, por ejemplo, los operarios en las fumigaciones agroindustriales) y los afectados constituyen un grupo vulnerable, desde el punto de vista socioeconómico.

Pocos días después, en una reunión en la ciudad de Cali, le mencioné al presidente Juan Manuel Santos que, basados en una nueva realidad científica, íbamos a recomendar la suspensión de las aspersiones con glifosato. "Las razones son claras, tomen la decisión", me dijo. Así lo hicimos. El debate fue intenso. La oposición del entonces procurador Alejandro Ordóñez fue brutal, e incluyó una visita intempestiva, e intimidatoria, a la sede del Ministerio de Salud, entre otras cosas. Algunos políticos (inmunes a la evidencia, decíamos entonces) desecharon los argumentos de salud pública. Argumentaron, simplemente, que se trataba de una concesión a la guerrilla de las FARC.

Recuerdo bien la reunión del Consejo Nacional de Estupefacientes en la que finalmente se tomó la decisión de suspender las aspersiones con glifosato: la hostilidad entre los miembros, la vehemencia de las intervenciones, el circo mediático... Una de las láminas centrales de mi presentación, que practiqué una y otra vez, con una suerte de obsesión de principiante, resumía la totalidad de la evidencia, los cientos de estudios que mostraban una asociación entre la exposición repetida al glifosato y un tipo de cáncer, el linfoma no Hodgkin, el que yo tenía.

Para mí, en ese momento, era una enfermedad extraña, ajena a mis preocupaciones personales, con un nombre misterioso, si se quiere. El debate habría sido más fácil, supongo, si hubiera podido mencionar la conexión entre esa decisión crucial (la prohibición de las fumigaciones con glifosato) y la grave enfermedad que me afectaría dos años después. Las conexiones de la vida, sin embargo, son imprevisibles, impredecibles, solo evidentes en retrospectiva.

TERCERA CONEXIÓN: CÁNNABIS

La reglamentación de la marihuana medicinal, de la producción y consumo de derivados del cánnabis con fines terapéuticos y científicos, concentró parte de mi atención a partir del año 2014. Es un tema interesante, que refleja un cambio de énfasis en la política antidrogas, un abandono de las medidas punitivas y un interés en las medidas de salud pública. El mundo está cambiando. Para bien. En el 2016, asistí a una Asamblea General Extraordinaria de Naciones Unidas sobre el problema mundial de las drogas. Recuerdo bien que el representante de Estados Unidos (sentado a mi lado) pidió la palabra e hizo una elocuente defensa de un enfoque de salud pública para afrontar el problema en cuestión. "La guerra contra las drogas es también una guerra contra la gente", dijo al final de su intervención. Sentí, entonces, que había sido testigo de un hecho histórico o, al menos, de un pronunciamiento histórico.

La regulación colombiana del cánnabis es sencilla: otorga licencias para el cultivo, la producción y la exportación de derivados del cánnabis, a quienes cumplen con unos requisitos mínimos. Muchos empresarios, grandes y pequeños, han decidido sumarse al nuevo negocio. "Creo que creamos una nueva categoría sociológica: los *yuppies* del cánnabis", solía decir ante la profusión de empresarios jóvenes, dispuestos a apostarle al surgimiento de este nuevo mercado global. Podría ser la nueva historia agroindustrial de Colombia, comparable a la del banano y las flores. Ojalá.

En preparación para los debates sobre la marihuana medicinal, leí la literatura médica sobre el asunto. Todavía incipiente. A veces contradictoria. Resumía en los diferentes debates, en el Congreso y en los medios de comunicación, los principales hallazgos. Me los aprendí de memoria. Los recité muchas veces con pasión de activista.

Existe evidencia, por ejemplo, de la efectividad de la marihuana para tratar el dolor neuropático, el insomnio y la agitación en pacientes con demencia. La evidencia es más polémica, preliminar, pero promisoria, en cuanto al tratamiento de la epilepsia y el estrés postraumático. De otro lado, la marihuana es menos tóxica que otras drogas. Sin embargo, los riesgos de adicción y psicosis no son despreciables.

Hay también evidencia, respaldada por cientos de estudios favorables y miles de anécdotas confirmatorias, de la efectividad del cánnabis para disminuir las náuseas de pacientes en quimioterapia. Describí esta evidencia muchas veces, sobre todo durante los años 2016 y 2017. Lo hacía de manera desapasionada, con frialdad científica. En el 2017, tuve la oportunidad de confirmarla personalmente.

En el segundo de semestre del 2017, durante mi tratamiento de quimioterapia, se estaban otorgando las primeras licencias de producción y cultivo. La reglamentación permitía, provisionalmente, mientras se otorgaban los registros sanitarios, las preparaciones magistrales. Mencioné en alguna entrevista mi molestia con las náuseas y los *yuppies* del cánnabis me hicieron llegar muestras gratis de goticas mágicas e inhaladores. Terminé con una amplia provisión. Suficiente para varios años.

Durante mi tercera quimioterapia, agobiado por las ganas de vomitar, decidí que ya era hora de comprobar los efectos del cánnabis. No tenía por qué aguantarme las náuseas con el remedio al alcance de la mano. La segunda noche de la quimio me apliqué varias gotas debajo de la lengua, como mandaban las guías, todavía en construcción, de esta terapia prometedora.

Las bolsas de la quimio eran todas de color oscuro y se reflejaban en la pantalla de un televisor, que permanecía apagado, colgado del techo, al frente de mi cama de convaleciente. Media hora después de la ingestión de las goticas, las bolsas cobraron vida y color. Se reflejaban ya no como sacos inertes, sino como unos patos verdes, danzantes, saltarines. Me di cuenta, entonces, de que me había excedido en la dosis. Para bien o para mal. Seguí usando las gotas, ya en una dosis ajustada, con la anuencia de los médicos.

Pude comprobar, una vez más, que la teoría y la práctica algunas veces van de la mano. Pensé, por primera vez en esos días, durante el ocio forzado por la enfermedad, en las conexiones que forman este capítulo, en la manera imprevisible como mi trabajo en el Ministerio de Salud y mi enfermedad se habían conectado, no obedeciendo a una fuerza ineluctable, sino por azar, por esas cosas que pasan y que hacen que nuestras vidas, las vidas de todos, sean dignas de contar.

PARA LECTORES CURIOSOS

Wonderful Life de Stephen Jay Gould es un interesante relato sobre la preponderancia de los accidentes históricos en la biología: un pequeño accidente aquí o allá, una perturbación aparentemente trivial, termina, con el tiempo, marcando una gran diferencia. La metáfora ha pasado de moda, con seguridad confunde a muchos *millenials*, pero es ilustrativa de todos modos: devolvamos la cinta, corrámosla de nuevo y seguramente el mundo será irreconocible.

> La grabadora divina contiene millones de escenarios igualmente plausibles. Pequeños cambios que ocurren sin razón aparente ponen en movimiento una cascada de consecuencias que hacen que un futuro en particular aparezca inevitable en retrospectiva. Pero la más leve de las perturbaciones iniciales determina una ruta diferente, la historia transcurre, entonces, por un canal que diverge continuamente de su trayectoria original.

Lo mismo que dice Gould sobre la biología, lo sugiere Tabucchi sobre la vida de los hombres. Pequeños accidentes sin importancia determinan el futuro. En retrospectiva, una vez la vida ha esclerotizado las cosas, los hechos parecen inevitables, pero constituyen apenas uno de millones de escenarios posibles. Nuestras vidas están llenas de conexiones inverosímiles e interesantes al mismo tiempo.

La historia de la @ la leí en *La maravillosa historia del español* de Francisco Moreno Fernández.

Constituye una metáfora conveniente para resumir la idea principal del libro de Moreno: de qué manera una serie de accidentes históricos, una cadena de casualidades, una acumulación de coincidencias, hizo que un dialecto de pastores en Castilla se convirtiera, después de varios siglos, en un lenguaje global con cientos de millones de hablantes. La biología, el lenguaje y la vida de los hombres son la materialización de millones de hechos azarosos. La poeta polaca Wislowa Szymborska (*Una del montón*) vuelve sobre lo mismo, somos quien somos por casualidad:

Soy la que soy.
Casualidad inconcebible
como todas las casualidades.

Otros antepasados
podrían haber sido los míos
y yo habría abandonado
otro nido,
o me habría arrastrado cubierta de escamas
de debajo de algún árbol.

[...]
Pude haber sido yo misma, pero sin que me sorprendiera,
lo que habría significado
ser alguien completamente diferente.

El también polaco Stanislaw Lem, en su libro el *Vacío perfecto,* que compila prólogos de libros inexistentes, reitera sobre uno de los temas centrales de este capítulo: todo lo que pasa tiene probabilidad cero, pero pasa.

> ¿Por qué no tenemos la continua conciencia de esta astronómicamente ínfima pequeñez de las probabilidades de venir al mundo, nosotros y los demás? Porque, contesta el profesor Kouska, ¡lo que acontece, por más inverosímil que sea, si acontece, acontece! Y también porque, en la lotería normal, vemos cantidades de números perdedores además del número premiado, mientras que en la lotería existencial los números perdedores no se ven [...] Perder en esa lotería equivale a no nacer, y quien no ha nacido, no se ve porque no existe.

El libro *Políticas antidroga en Colombia: éxitos, fracasos y extravíos* (Alejandro Gaviria y Daniel Mejia, editores, Universidad de los Andes, 2011) analiza cuarenta años de lucha contra las drogas ilícitas en Colombia. Enfatiza, entre otras cosas, la inefectividad y las consecuencias adversas de las fumigaciones áreas con glifosato.

Mi principal fuente sobre el cánnabis medicinal y la evidencia científica es el libro *Stoned: A Doctor's Case for Medical Marijuana* de David Casarett. A veces es un poco hablantinoso, a veces demasiado descriptivo, pero en general es un buen resumen del estado del arte y la ciencia sobre el asunto e, incluso, contiene las mejores recetas para hacer *brownies* de marihuana. En esas estamos. El cambio cultural en el tema de las drogas ha sido sustancial, para bien, en mi opinión.

IV
COMPLEJIDAD

*Los valores de la vida no son solamente múltiples;
suelen ser incompatibles. Por ello el conflicto y la
tragedia no pueden ser nunca eliminados de la vida
humana. Cada paso es el abandono de un camino,
cada elección es una pérdida. No podemos eludir la
necesidad de elegir entre acciones, fines y valores.
Nuestros valores están en conflicto. Ahí está nuestra
tragedia: estamos rotos por dentro, y no tenemos
compostura. Ésta es la nota fundamental del
liberalismo berliniano: su sentido trágico.*

Jesús Silva-Herzog Márquez sobre Isaiah Berlin

En julio del 2014, estuve en una conferencia sobre enfermedades crónicas no transmisibles en Naciones Unidas. Fueron dos días largos de pronunciamientos grandilocuentes y exposiciones técnicas sobre los hallazgos más relevantes de la literatura médica. Muchos de los expositores reiteraron la conveniencia de aumentar los impuestos al tabaco y de gravar las bebidas azucaradas. Dos años más tarde, en medio de la discusión de una reforma tributaria en Colombia, me daría cuenta de que las verdades de la ciencia deben competir, en este caso, con las mentiras de los grupos de presión.

A la salida de la reunión pasé por una librería y compré varios libros, casi aleatoriamente: no tenía mucho tiempo y confío más en el azar que en los críticos. Uno de esos libros está conectado (el vago azar aparece nuevamente) con mis vicisitudes como funcionario y como paciente. Tenía un título ominoso, que bien podría ser el de este libro: *Las crónicas del cáncer*. Su autor es el periodista científico George Johnson, quien trabajó por varios años en la revista *Scientific American*. En poco más de doscientas páginas, Johnson hace una revisión, por momentos despiadada, por momentos compasiva, del conocimiento acumulado sobre el cáncer.

Leí el libro en mi viaje de regreso a Colombia. En la libreta amarilla mencionada, en medio de fragmentos de poemas y listas de tareas, escribí una reseña breve, telegráfica, de nueve puntos. No tenía un interés especial en el tema del cáncer. No tengo ningún poder de clarividencia. No creo en la divina providencia. No me estaba preparando para lo inevitable. Simplemente, quise resumir los hechos más interesantes de una investigación seria sobre un problema de una complejidad aterradora, irreductible. Transcribo mi reseña. Podría titularla, como este capítulo, "complejidad".

1. El cáncer es una consecuencia trágica, pero predecible, de la entropía, de la complejidad biológica.

2. El cáncer es tan antiguo como la vida multicelular. Señales de posibles tumores han sido encontrados en fósiles de dinosaurios, pájaros, homínidos, entre otros.

3. A pesar de las advertencias ominosas, el cáncer no parece ser el resultado de las acciones deletéreas de empresas y gobiernos. "La civilización no causó el cáncer, pero, al extender nuestras vidas, lo reveló".

4. El cáncer metastásico no tiene cura. Las compañías farmacéuticas han sido más exitosas en mercadear esperanzas, que en extender la vida de los pacientes. El impacto de las últimas medicinas todavía se cuenta en semanas, no en años.

5. La detección temprana ha sido sobrestimada. El impacto sobre las tasas de mortalidad de las ma-

mografías, por ejemplo, parece menor en el mejor de los casos.

6. La investigación del cáncer no está desfinanciada. Todo lo contrario. Miles de millones de dólares son invertidos cada año en la búsqueda de una innovación o cura definitiva, que no ha ocurrido y, según parece, no ocurrirá pronto.

7. El tabaquismo, el consumo de azúcar y la falta de actividad física están causalmente asociados con el cáncer a través de varios mecanismos, directos e indirectos.

8. El cáncer y el progreso socioeconómico van de la mano. El cáncer está asociado con vidas más largas, obesidad y mayor consumo de calorías.

9. Todos los sistemas de salud se ven afectados por la "tiranía de la esperanza". A pesar de los avances científicos, seguimos lidiando con el cáncer de la manera tradicional, esto es, mintiéndonos a nosotros mismos.

* * *

Con el tiempo, con el pasar de los meses, con la superposición de lecturas y experiencias, pude refinar mis ideas sobre el cáncer y la complejidad. Había oído, muchos años atrás, en un seminario de economistas, que la economía (mi profesión) no es otra cosa que sentido común sofisticado. Mis reflexiones sobre este tema no son las de un experto epidemiólogo, ni las de un investigador clínico, ni tampoco las de un estudioso de la economía de la salud. Son las de un observador privilegiado, como paciente y como ministro de Salud, del mundo del cáncer y sus tratamientos.

COMPLEJIDAD BIOLÓGICA

Empiezo con una referencia histórica sobre mi profesión. La economía es una ciencia triste, como decía, en sentido derogatorio, el historiador victoriano Thomas Carlyle. Una disciplina que debe lidiar con un asunto ineludible: la escasez. Pero no solo con este problema, también con el de la complejidad, con la incertidumbre sobre los efectos de las intervenciones e intentos de manipulación.

Existe una afinidad esencial entre un médico y un economista. Ambos lidiamos con sistemas abiertos y complejos, que no entendemos cabalmente: el cuerpo humano y la economía. Ambos desconocemos muchos de los mecanismos esenciales de nuestros objetos de estudio. Ambos sabemos íntimamente que el método de ensayo y error es la única salida. Ambos debemos, por lo tanto, evitar la pretensión del conocimiento y aceptar nuestra ignorancia.

Basta un dato trivial para transmitir la idea insinuada. La vida multicelular compleja en nuestro planeta se disparó hace más de quinientos millones de años en la explosión cámbrica. En contraste, hace apenas unas cuantas décadas, en 1953, con el famoso artículo de Francis Crick y James Watson, sobre la estructura espacial del ADN, la humanidad comenzó a comprender en detalle los mecanismos de reproducción celular. El ADN es un algoritmo intrincado, lleno de parches y remiendos construidos a lo largo de millones de años. A pesar de la decodificación del genoma, y de los avances posteriores, apenas hemos atisbado el abismo de la complejidad biológica. El gráfico ilustra la complejidad de las interacciones moleculares en la mosca de la fruta, uno de los modelos favoritos de los genetistas.

Un mapa reciente de la interacción de proteínas
en la mosca de la fruta

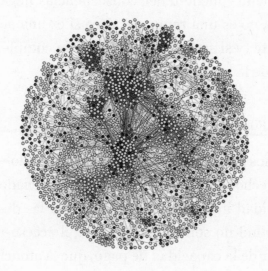

En medio de mi tratamiento, de las consecuencias de la enfermedad y de los imperativos de la curiosidad, leía con frecuencia noticias sobre cáncer. Recuerdo algunas de ellas con temor, como quien se asoma a un precipicio: "Estudio revela la complejidad de las células cancerígenas dentro del mismo tumor"; "La oncogénesis es uno de los fenómenos más complejos de la biología"; "El microbioma

afecta el sistema inmune y la efectividad de la quimioterapia"; "Tratamientos de radioterapia generan procesos
inflamatorios y facilitan crecimiento del cáncer...".

Algunos de mis compañeros de trabajo decían, en tono
burlón, que yo no podía pronunciar un discurso sin mencionar la palabra complejidad. Casi todos esos discursos,
esas ideas reiteradas, terminaban con la misma admonición: "la modestia debe ser una norma, una postura
permanente, casi un principio ético. Sobrestimar nuestro
conocimiento puede tener consecuencias negativas. La
modestia no es una renuncia, pero sí es una aceptación
consciente (y si se quiere trágica) de la complejidad del
mundo, de la biología y de la economía".

COMPLEJIDAD ADMINISTRATIVA

En muchos países —en Colombia, por ejemplo— la salud
es un derecho humano. Más allá de los enunciados legales,
esta realidad institucional significa que las desigualdades en salud no son tolerables, que el acceso no puede
depender de la capacidad de pago, que la atención de un
niño con cáncer no puede estar supeditada a la posición
económica de sus padres.

En mis pronunciamientos mencionaba con asiduidad,
como si se tratara de una declaración de principios, que
yo venía de la escuela (no bien definida) del liberalismo
trágico. Una escuela que reconoce, con resignación melancólica si se quiere, que muchos problemas sociales no
tienen una solución definitiva: uno cambia muchas veces

un problema por otro, con la expectativa de que el nuevo problema sea más llevadero que el anterior.

No es una postura popular. En nuestras democracias mediatizadas no tiene mucha cabida la duda. Tampoco la visión trágica de los problemas sociales. Nadie quiere aceptar la complejidad inherente a las decisiones públicas. Basta mirar los noticieros, leer las columnas de opinión o revisar las sentencias de los jueces para comprobar el rechazo rabioso a la tragedia. "Lo trágico nos ha abandonado y este es tal vez nuestro verdadero castigo", escribió Milan Kundera hace ya varios años.

Si la salud es un derecho y los ciudadanos, por lo tanto, no tienen que pagar directamente por los servicios y la atención, desaparece una de las formas más indignas de la desigualdad, pero aparecen otros problemas. Complejos, irresolubles, incluso. Si la gente no paga de su bolsillo, alguien tiene que hacerlo, debe existir un tercer pagador, público o privado. Y con los terceros pagadores aparecen los costos de transacción, el sobrediagnóstico, el sobretratamiento, el divorcio entre valor y precio, las auditorías, las glosas, las deudas... La consecuencia inmediata del derecho fundamental a la salud es la complejidad administrativa.

Algunos de los pagadores pueden glosar injustamente, negar servicios o sacar provecho de su posición. Al mismo tiempo, los prestadores pueden inducir demanda, hacer más de lo razonable e, incluso, facturar lo que no es. En Estados Unidos, por ejemplo, el 40% de los oncólogos confiesa haber ordenado conscientemente tratamientos inefectivos. Algunas veces, durante mi tratamiento, sentí que las decisiones parecían no tener en cuenta los costos. O, al menos, la razón costo-efectividad de algunas intervenciones: ciertas terapias físicas, respiratorias y demás. Había dicho muchas veces que los médicos tenían una doble responsabilidad: con el paciente y con los recursos del sistema. Debo decir, con sinceridad, que esta frase no es fácil de llevar a la práctica, sobre todo si uno es médico. O paciente.

La complejidad administrativa también implica algunas disyuntivas difíciles. En sistemas públicos como el inglés, por ejemplo, existen límites definidos centralizadamente, sobre lo que se cubre y lo que no se cubre. Algunos medicamentos contra el cáncer están excluidos, no hacen parte de los beneficios. Por otro lado, en los sistemas de mercado como el estadounidense no existen límites fijados por una autoridad central, todo está incluido, pero los ciudadanos pagan una buena parte del cuidado médico de su propio bolsillo y los que no tienen recursos quedan excluidos. En general, toca escoger entre uno de ambos modelos (con matices). Un sistema sin límites y sin gasto de bolsillo es imposible. Solo el costo de los medicamentos contra el cáncer crónico lo llevaría a la ruina.

COMPLEJIDAD ÉTICA

La complejidad de los sistemas de salud no es solo administrativa, sino también ética. Involucra un choque de principios o derechos. Un dilema bioético. Un gran desafío democrático.

Me explico con un ejemplo. Los nuevos medicamentos contra el cáncer cuestan mucho, 800 o mil millones de pesos al año, y aportan, ya lo dijimos al comienzo del capítulo, relativamente poco: la sobrevida promedio es de apenas tres meses. ¿Deben ser pagados totalmente por los sistemas de salud? Si la respuesta es sí, ¿cómo hacerlo sin llevarlos a la quiebra? Si la respuesta es no, ¿cómo hacerlo sin afectar los derechos fundamentales? Al fin y al cabo, estamos hablando de vidas humanas, de una ponderación muy difícil entre los derechos individuales y los colectivos, entre la vida de un paciente y los recursos para la atención de todos los demás.

Buena parte de los problemas financieros de los sistemas de salud viene de allí, de nuestra incapacidad colectiva de enfrentar decididamente este dilema democrático y bioético. El control de precios por sí solo no resuelve el problema. Las medidas más audaces, que comprometen la propiedad intelectual, son resistidas y combatidas de muchas maneras.

¿Quién debería vivir? es el título de la obra clásica del economista de la salud Victor Fuchs. La práctica de la medicina no puede evadir esta pregunta. Uno puede pensar en otra cosa. Aligerar la cuestión, pero no puede evadirla. La reflexión ética es ineludible. "Las decisiones más difíciles de la medicina se toman por fuera del hospital", escribió el neurocirujano inglés Henry Marsh en un libro reciente. Hacía alusión a las dudas de naturaleza ética que lo asaltan en cualquier parte, en la oficina, en la casa o en el transporte público.

Yo también debí enfrentar, como ministro, esas dudas de naturaleza ética. Vale la pena traer a cuento un caso paradigmático, complejo: una disyuntiva bioética trágica, triste y aleccionadora.

A finales de diciembre del 2013, un domingo en la mañana, recibí un mensaje de una joven universitaria santandereana, Camila Abuabara. La joven me pedía ayuda con un asunto de vida o muerte: su EPS había demorado un procedimiento, un trasplante de médula ósea, y su vida corría peligro. Acababa de salir de una quimioterapia de rescate y la ventana de oportunidad para el trasplante se estaba cerrando, lenta, pero peligrosamente.

Al día siguiente, contacté a la EPS. Resolvieron el problema rápidamente. Expidieron la autorización en cuestión de horas, pero el asunto tomó un rumbo inesperado. Un examen adicional, realizado pocos días después, mostró que la leucemia había tomado fuerza de nuevo y el trasplante ya no era una opción viable. Las alternativas terapéuticas parecían agotadas.

Camila no se rindió, puso el grito en el cielo. Entró en contacto con varios centros internacionales de cáncer. Tocó las puertas que había que tocar. Sus esfuerzos fructificaron, como tenía que ser. Surgió la posibilidad de un tratamiento en un centro especializado en Estados Unidos. La entidad prestadora de salud (EPS) —o, mejor, una fundación asociada a la EPS— decidió pagar el tratamiento en el exterior con dineros privados, no con los recursos públicos del sistema de salud.

El tratamiento tuvo un éxito parcial. La leucemia se contuvo y un nuevo examen mostró que el trasplante de médula ósea era de nuevo una posibilidad terapéutica, una esperanza de vida. Con argumentos entendibles, Camila buscó que el trasplante se llevará a cabo en Estados Unidos, en el mismo centro donde estaba siendo tratada. Interpuso, entonces, una tutela y un juez inicialmente le dio la razón. Esta vez, cabe aclarar, el procedimiento se pagaría con recursos públicos.

La EPS impugnó el fallo con el argumento de que el trasplante podía realizarse en Colombia en las mismas condiciones que en Estados Unidos y que Camila debía, por lo tanto, regresar a su país. Secundé públicamente estos argumentos. Los hematólogos colombianos —algunos de ellos participarían en mi tratamiento años más tarde— defendieron el traslado, esto es, la posibilidad de realizar el procedimiento en Colombia, con la misma seguridad y calidad. La diferencia de costos era muy alta, abismal, casi inverosímil. El juez cambió su dictamen inicial y ordenó que el trasplante se realizara de inmediato en Colombia.

El tema atrajo la atención de los medios. Los debates éticos siempre son atractivos, sobre todo si tienen rostro, si tienen nombres y apellidos de pacientes y funcionarios. El debate planteaba un asunto complejo (en sentido literal). De un lado, los argumentos financieros son casi inadmisibles cuando hay una vida en juego. "La vida no tiene precio", se dice con razón. En palabras del Nobel de Economía Jean Tirole,

Introducir consideraciones financieras choca con nuestra idea del carácter sagrado de la vida humana. Todos sabemos que la vida no tiene precio. Pero los tabúes sobre la vida y la muerte, que forman parte de ese inconmensurable que tanto apreciaba Émile Durkheim, tienen consecuencias. Cuando las decisiones en asuntos de salud se revelan al público, se desatan ardorosas polémicas, pero nuestra negativa a comparar los efectos terapéuticos y las vidas salvadas de las diferentes intervenciones trae consigo más muertes. ¿No es absurdo gastar una gran suma en salvar una vida cuando con la misma se podrían salvar decenas? Probablemente. Pero el aspecto meramente contable, el cinismo aparente de este tipo de cálculos, choca con una sociedad que no quiere oír hablar de ello.

De otro lado, si los recursos son escasos, las consideraciones económicas son trágicamente inevitables. La tensión entre los derechos individuales y los derechos colectivos es evidente, notoria. Si todos los pacientes tienen acceso a tratamientos en el exterior, el sistema se quiebra. Si uno puede hacerlo, ¿por qué no todos? El investigador Rodrigo Uprimny planteó el asunto de manera elocuente:

Si los costos en salud son crecientes y los recursos públicos son limitados, es entonces injusto, en términos kantianos, que sea financiada por el Estado aquella prestación médica que no sea *universalizable*, por cuanto no habría recursos suficientes para que pueda ser otorgada a todas las personas en la misma situación. O que para hacerlo habría que usar dineros destinados a medicamentos o tratamientos que hubieran tenido mejores resultados en otras personas, lo cual resulta también injusto.

Opté en este caso por la defensa de los recursos de todos, por la protección del derecho colectivo a la salud (el término parece contradictorio, pero no lo es). Al fin y al cabo, el trasplante en cuestión podía realizarse en Colombia en condiciones razonables de seguridad y eficacia. Actualmente, la Ley Estatuaria de Salud, que regula el derecho fundamental, prohíbe de manera explícita los tratamientos en el exterior.

El trasplante se realizó, inicialmente, sin contratiempos en una clínica de Medellín. Sin embargo, Camila murió de infección varias semanas después. Recibí, entonces, muchos insultos. Dos años después, una vez se hizo pública mi enfermedad, recibí otra vez más insultos y mensajes malignos.

Algunos creen que una divinidad omnisciente, y todopoderosa, traduce en hechos materiales sus deseos de venganza. Nunca sentí rabia. Acepté los insultos con resignación. Esta historia triste pone de presente la complejidad (biológica, administrativa y ética) de la que trata este capítulo.

¿Me arrepiento? En el fondo no, lo digo con respeto: volvería a tomar la misma decisión, una y otra vez. Pero sí en la forma, en las palabras, en los pronunciamientos, en mi incapacidad de ser más empático. Meses después, leí una frase en un cuento de Jorge Luis Borges (*There are More Things*), que he convertido en un imperativo: "la congoja, ya inútil, de que nada nos hubiera costado haber sido más buenos".

INNOVACIÓN Y PRECIOS DE MEDICAMENTOS

Los precios de los medicamentos contra el cáncer han aumentado rápidamente durante los últimos veinte años. En 1996, un tratamiento estándar para el cáncer de colon, por ejemplo, costaba mil dólares anuales. En el 2016, el tratamiento estándar para el mismo tipo de cáncer costaba diez veces más, hasta diez mil dólares mensuales. Para muchos sistemas de salud, incluido el nuestro, esta realidad económica representa un serio problema, una amenaza, no solo para las finanzas del Estado, sino también para la salud de la gente.

Muchos de los nuevos tratamientos han representado más años de vida para muchas personas. La innovación sigue siendo una esperanza concreta para muchos enfermos de cáncer. "Hay que ganar tiempo, mientras avanza la tecnología", le oí decir a uno de mis médicos durante mi tratamiento. Probablemente, yo estoy vivo (digo "probablemente" porque el contrafactual es especulativo, metafísico) por cuenta de la innovación farmacéutica, del rituximab (mencionado en el capítulo anterior) y de otros medicamentos.

Pero, al mismo tiempo, la innovación farmacéutica —en cáncer, en particular, y en otras enfermedades crónicas, en general— se caracteriza por un divorcio entre valor y precio. Algunos medicamentos innovadores tienen precios exorbitantes, pero aportan poco, a lo sumo dos o tres meses de mala vida. "Lo peor de todo es el quimio-cerebro. Lento, estupefacto. Me temo que esta larga y

exuberante tortura es solo el preludio de una terrible eje-
cución", escribió Christopher Hitchens, el ateo militante,
poco antes de su muerte de cáncer.

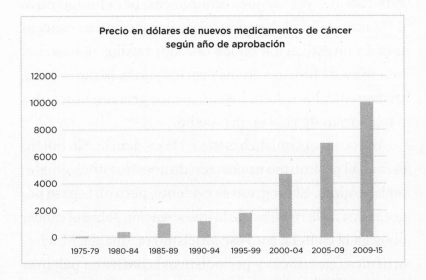

Precio en dólares de nuevos medicamentos de cáncer
según año de aprobación

A mediados del 2017, la revista científica *British
Medical Journal* publicó una estadística inquietante, per-
turbadora, tanto para los enfermos de cáncer, como para
los ministros de Salud (me cuento por partida doble): el
40% de los nuevos medicamentos oncológicos no sirven
para nada, no aumentan la sobrevida, no incrementan la
efectividad de los tratamientos. Venden falsas esperanzas
(a precios de oro).

Recientemente, un grupo de investigadores estadounidenses mostró que, en promedio —esto es, juntando los
buenos y los malos en una misma bolsa—, los medicamentos oncológicos cada vez son menos efectivos en relación
con su costo. Hace veinte años, el precio de un nuevo

medicamento en comparación con su valor, con los años de vida ganados, era de 50.000 dólares. Actualmente, este mismo precio ha aumentado a 150.000 dólares por año de vida ganado. Por razones económicas, por el imperativo de la rentabilidad, las compañías farmacéuticas concentran su investigación en los estadios tardíos del cáncer: los ensayos clínicos son más cortos y más baratos, pero, tristemente, los resultados son menos prometedores, dos o tres meses de vida en promedio.

Yo soy un optimista basado en la evidencia. No quiero caer en el pesimismo impostado de nuestros intelectuales melancólicos. El progreso es evidente, pero un repaso panorámico de la realidad de la investigación sobre el cáncer obliga a la cautela, a un escepticismo razonable. Muchos artículos (científicos y periodísticos) contienen palabras que insinúan lo contrario: "gran descubrimiento", "nueva era", "ruptura con el pasado", "esperanza renovada...". Yo prefiero mantener los pies sobre la tierra, incluso a sabiendas de que los enfermos de cáncer no pisamos sobre tierra firme y debemos aligerar nuestros pasos.

La mortalidad por cáncer ha disminuido en general. La prevalencia de cáncer de pulmón, por ejemplo, ha caído de manera abrupta. Pero el descenso obedece a una realidad social, no tecnológica. Poco tiene que ver con la innovación farmacéutica: está asociado a la disminución del tabaquismo, al hecho de que la gente ha dejado de fumar. Cambiar comportamientos es difícil, pero siempre será más fácil que pagar por medicamentos impagables. Un periodista le preguntó recientemente al oncólogo y escritor Siddhartha Mukherjee, autor de una excelente biografía del cáncer, por cinco consejos para prevenir la enfermedad. Su respuesta fue elocuente y representativa: "no fumar, "no fumar, "no fumar, "no fumar" y "no fumar".

PRECIOS DE MEDICAMENTOS
VERSUS INTERÉS PÚBLICO

Casi tres décadas atrás, en los años noventa, un enfermo de leucemia mieloide aguda (CML, por sus siglas en inglés) estaba prácticamente desahuciado. Las opciones terapéuticas eran limitadas y complejas, ninguna alentadora. Había llegado el momento, como dice con elocuencia, e ironía, el médico inglés Richard Smith, de decir adiós, visitar algunos lugares, cantar las canciones de siempre, orar, leer poemas y prepararse para nuestro destino común: la muerte y el olvido.

Pero todo cambió con una innovación particular, un medicamento: imatinib (o Glivec, su nombre de marca). El medicamento apunta bien y usualmente da en el blanco. Inactiva el mecanismo molecular que subyace al crecimiento desordenado y adaptativo del cáncer en cuestión. Los pacientes toman el medicamento todos los días y continúan con su vida normal, con una leucemia durmiente y controlada. Glivec convirtió una enfermedad devastadora y rara en una crónica y común. Paradójicamente, aumentó el número de pacientes al multiplicar los sobrevivientes, beneficiarios de un hito en la historia reciente del cáncer.

Hay otra dimensión de esta historia más compleja, más trágica: el comportamiento de los precios. Novartis, la compañía dueña de la patente, fijó el precio de Glivec en 30.000 dólares anuales. Con el pasar de los años, y el aprendizaje sobre el mercado, lo subió a 90.000 dólares. En Colombia, el aumento de precio fue incluso más abrupto, más estrepitoso, por una razón circunstancial: la patente había sido negada en un principio, pero fue concedida después como resultado de un fallo judicial.

A finales del 2014, una organización de la sociedad civil solicitó al Ministerio de Salud declarar de interés público el medicamento imatinib. Las razones aludían a los efectos adversos de los altos precios sobre la sostenibilidad del sistema y sobre el acceso a medicamentos esenciales. Un poco más de un año después, a comienzos del 2016, un comité técnico avaló la solicitud y recomendó la declaración de interés público. Las razones eran las mismas: los aumentos exorbitantes en los precios habían ocasionado la supresión abrupta de la competencia, la inminente quiebra del sistema, el desequilibrio financiero de un sistema con cobertura universal y un plan de beneficios muy amplio, entre otras.

El comité hizo, a su vez, una recomendación procedimental, estratégica: el gobierno debía intentar una negociación con Novartis, con el fin de reducir el precio y evitar así la declaración. La negociación fue un ejercicio de paciencia y manejo de la frustración. Existía cierta voluntad por parte de la compañía de disminuir el precio, siempre y cuando renunciáramos de manera explícita a las razones de interés público. Dimos vueltas y vueltas sobre el mismo tema. En algún momento, un ejecutivo de Novartis, que había aterrizado en Bogotá esa misma mañana, nos dijo: "digan pues si van a aceptar algo. No estoy aquí para perder el tiempo con ustedes".

Simultáneamente, las presiones internacionales comenzaron a crecer, a multiplicarse, afuera y adentro. Llegaron a un extremo insospechado: a la amenaza, creíble o fingida, no lo sé, de suspender la ayuda estadounidense al proceso de paz. El presidente suizo en persona, durante una visita de Estado a Colombia, planteó el tema con vehemencia. Ya no solo estaba en juego la sostenibilidad del sistema de salud, sino también la soberanía y la dignidad nacionales (nunca antes había creído en este último concepto, para mí la dignidad era individual).

En mayo de ese año, en la Asamblea Mundial de la Salud en Ginebra, ante cientos de ministros de Salud de todo el mundo, vociferé mi frustración, mi angustia de verme enfrentado a un asunto angustiante, irresoluble:

Hace más de un año, por solicitud de la sociedad civil, el Ministerio de Salud de Colombia inició un proceso de declaración de interés público para un medicamento de alto costo, el imatinib. El proceso ha estado acompañado de un gran debate internacional y también, quiero decirlo claramente, de muchas presiones. Los altos precios de los medicamentos pueden poner en riesgo el cumplimiento de los objetivos de desarrollo sostenible. La OMS debe apoyar a los estados miembros en su búsqueda de la sostenibilidad [...] Para nosotros, lo digo sin grandilocuencias innecesarias, este apoyo es fundamental en la búsqueda del desarrollo sostenible y la equidad social.

Nunca se llegó a un acuerdo. Novartis se quejaba del uso estratégico de una declaración de interés público para bajar los precios; nosotros, de las presiones y de la insistencia en que renunciáramos a nuestros argumentos esenciales. El 14 de junio del 2016, firmé la resolución que declaró el interés público de imatinib. Meses después, el precio se fijó unilateralmente, según las condiciones de competencia, simulando la inexistencia de la patente.

Fue una situación angustiante, muy difícil. Algunos de mis compañeros todavía me dicen, medio en broma: "ese tema lo enfermó". No creo. La vida es pudorosa. Usualmente, esconde sus mecanismos esenciales. La complejidad es la esencia de todo esto. Las causas son por lo general múltiples e inescrutables, ya lo he dicho muchas veces. No me gusta tampoco asumir el papel de víctima.

Con el tiempo me di cuenta de la trascendencia de la decisión. Por primera vez un medicamento contra el cáncer se declaraba de interés público en el mundo debido a los altos precios. Un año más tarde, recibí un regalo inesperado, un libro firmado por una conocida investigadora del acceso a medicamentos y la salud pública, Ellen F. M. 't Hoen. Tenía una pequeña dedicatoria: "para un ministro de Salud que los pacientes de cáncer quisieran tener".

Para entonces, seguía siendo ministro de Salud y ya era paciente de cáncer.

PARA LECTORES CURIOSOS

El libro del ensayista mexicano Jesús Silva-Herzog Márquez *La idiotez de lo perfecto* contiene, en su capítulo sobre Isaiah Berlin, un excelente resumen de la doctrina del liberalismo trágico. "Estamos obligados a elegir —sentenció Berlin en *El fuste torcido de la humanidad*— y cada elección supone una pérdida irreparable".

El economista estadounidense Victor Fuchs ha puesto de presente una idea inquietante (y relevante):

> La visión romántica se niega a aceptar la noción de que los recursos son inherentemente escasos; cualquier escasez es atribuida a un problema artificial, creado por el hombre: el capitalismo, el socialismo, las fallas de mercado o el exceso de regulación [...] Puesto que niega el imperativo de la escogencia, el punto de vista romántico es incapaz de lidiar con los problemas más acuciantes de los sistemas de salud.

El libro de George Johnson *Las crónicas del cáncer* es un buen complemento del libro ya clásico *El emperador de todos los males: una biografía del cáncer* de Siddhartha Mukherjee. Menos totalizante, pero tal vez más realista. Al fin y al cabo, está escrito no por un practicante elocuente (enamorado de su oficio) como Mukherjee, sino por un observador imparcial (por definición más escéptico).

El documento *Pricing in the Market for Anticancer Drugs* (NBER Working paper n.º 20867) presenta un resumen de la evolución de los precios de los medicamentos oncológicos. No solo muestra que los precios han aumentado sustancialmente durante los últimos años, sino también que el costo-efectividad ha disminuido. El artículo "Do cancer drugs improve survival or quality of life?" (BMJ 2017, 359) llama la atención sobre la efectividad de los nuevos medicamentos oncológicos. Pocos son aprobados, dice, con evidencia adecuada. Además, los estudios posteriores a su ingreso al mercado sugieren que casi nunca se validan las cifras de eficacia y seguridad. Fuera de eso, el tratamiento típico cuesta más de 100 mil dólares al año.

No sorprende, entonces, que más de un centenar de oncólogos de todo el mundo, entre ellos prestigiosos investigadores, hayan señalado recientemente que los precios de las medicinas para el cáncer son astronómicos, insostenibles y, quizás, incluso inmorales: "abogar por precios inferiores es una necesidad para salvar las vidas de los pacientes". El libro *Private Patents and Public Health* de Ellen F. M. 't Hoen analiza los incentivos económicos, basados en la propiedad intelectual, que han resultado en precios astronómicos y amenazan en todo el mundo (Colombia es un caso paradigmático) la sostenibilidad de los sistemas de salud. La humanidad enfrenta actualmente un imperativo: hacer que el conocimiento colectivo sobre el cáncer pueda beneficiar a todo el mundo.

El libro *La economía del bien común* de Jean Tirole, ganador del premio Nobel de Economía, presenta, en el primer capítulo, un buen resumen de los límites morales del mercado. Cita, por supuesto, a Kant:

> En el reino de los fines todo tiene un precio o una dignidad. Aquello que tiene un precio puede ser sustituido por algo equivalente. Aquello que se halla por encima de todo precio y, por lo tanto, no admite nada equivalente, eso tiene una dignidad.

V
QUIMIOTERAPIA

Morir
sería tan fácil como abrir las ventanas
y que entren, llevándoselo todo,
los sordos ejércitos del tiempo y del olvido.

Nelson Simón, *Sustancia de lo efímero*

Mi tratamiento inició en serio, con toda su carga física y emocional, con la segunda quimioterapia. La primera fue solo un entrenamiento, una suerte de preparación, un partido amistoso. Las cinco quimioterapias que siguieron fueron de verdad. No sé si los pacientes de cáncer somos "valientes", "luchadores" o "guerreros" (así nos llaman). Estas metáforas contradicen la pasividad, la aceptación estoica de casi todo. Tenemos a nuestro favor, eso sí, un legado genético: el instinto de supervivencia. Aguantamos: a veces con los dientes apretados, a veces con lágrimas en los ojos, pero aguantamos.

Las quimioterapias duraban cinco días. Pasaba todo el tiempo conectado a los medicamentos, a los venenos que partían de varias bolsas negras y se juntaban en un solo canal, como ríos ominosos, antes de desembocar en un catéter ubicado cerca de mi hombro derecho. Apenas podía moverme. Las horas pasaban lentas. Desesperantes. Cien horas en total que yo iba descontando, obsesivamente. Celebraba la veinticinco, la cincuenta, la noventa y la cien. Sobre todo, la última. Pasaba tres semanas por fuera de la clínica y volvía a empezar la cuenta: 100, 99, 98...

EFECTOS SECUNDARIOS

En la hora treinta, durante el segundo día del encierro, empezaba a sentir las náuseas, los deseos permanentes de vomitar. No soportaba el olor a comida. Cualquier alimento preparado me producía una repulsión inédita, extraña. Recuerdo, sobre todo, un momento del día, alrededor de las seis de la tarde. Oía primero un ruido difuso, una agitación en los corredores de la clínica. Sentía, después, el olor de la comida que empezaba a ser distribuida de habitación en habitación. No podía soportarlo. Rechazaba la comida con una frase tentativa, "por ahora no", o algo así.

Uno de esos primeros días, tuve un antojo extraño, instintivo si se quiere: un deseo terco de una porción de *pizza*. Lo recibí como una buena noticia. Había perdido varios kilos y tenía que comer alguna cosa. Le mencioné el asunto a mi esposa y aprovechamos el momento. Recurrimos a uno de esos servicios a domicilio por Internet, que han ido tercerizando, poco a poco, la domesticidad. Tardó más de una hora en llegar. Llegó fría. Inodora. Perfecta. La *pizza* a temperatura ambiente fue mi plato favorito durante todo el tratamiento.

Mi recuerdo más vívido de esa primera parte del tratamiento fue la caída del pelo. Primero en la ducha: los manojos se quedaban en mis manos, se adherían al jabón o se acumulaban en el desagüe, presurosos, deseosos de salir. Después, invadieron la almohada y sus alrededores. Pasados unos días, estaban en todas partes. Los pelos salían hasta de los bolsillos.

Hasta que llegó el día. Crucé la calle hacia la peluquería de enfrente. Mi cabeza estaba llena de parches, como un tablero de ajedrez. Le conté al peluquero la historia del asunto, la causa de mi decisión. La operación fue simple, sin contratiempos, duró diez minutos. Evadí el espejo todo el tiempo, con una falta de curiosidad que en retrospectiva me cuesta entender. Salí a encontrarme con mis padres, que me esperaban en un restaurante para almorzar. Me senté sonriente e hice lo que hacemos en estos tiempos: tomarme una *selfie* y compartirla en redes sociales. "Nuevo *look*", decía el comentario.

Me acostumbré rápidamente a la nueva pinta. Las primeras semanas tuve una disyuntiva inesperada: ¿usar o no un sombrero o gorrito? Había comprado anticipadamente algunos, de manera impulsiva, sin mucho tino. Parecían tejidos en croché: uno blanco, uno negro y otro azul. Decidí usarlos con frecuencia, no solo durante los fines de semana, sino también en mis días laborales. El nuevo *look* era extraño, una especie de disfraz de enfermo de cáncer.

Mi primera aparición pública con el gorrito tejido de color azul fue en una rueda de prensa sobre un nuevo mecanismo de compra centralizada para los medicamentos contra la hepatitis C. Era un tema complejo. Yo me sentía como en el primer día de colegio, inseguro y expectante. Logré explicar el tema sin mayores problemas, pero la pinta llamó la atención. La foto de ese día, más flaco, algo demacrado, sin corbata y con el gorro tejido azul, cubriendo mi cabeza recién rapada, se publicó en muchos medios y se convirtió en mi imagen pública durante el tratamiento.

Suscitó cientos de comentarios, la mayoría positivos. Mensajes de apoyo y solidaridad: "guerrero", "valiente" y demás. Otros malignos, producto de la hostilidad enmascarada de las redes sociales. Otros, los que más celebré, humorísticos. Algunos lamentaban mi rápida conversión al islamismo (el gorrito daba esa impresión). O me prometían otro gorro similar, blanco y verde, con el escudo bordado del Atlético Nacional de Medellín. O me daban aliento, habida cuenta de mis nuevas y mejoradas condiciones aerodinámicas.

Al leer los chistes recordé el sarcasmo del escritor Christopher Hitchens, quien en medio de su tratamiento contra un cáncer de esófago, calvo, jodido y con varios kilos menos, había escrito, quejándose de su desaliento e inapetencia: "si Penélope Cruz hubiera sido mi enfermera, no me habría dado cuenta". El cáncer no debería suprimir la capacidad de reírnos de nosotros mismos. Muchos años atrás, cuando estaba en el colegio, había leído una frase de Estanislao Zuleta que trato de mantener presente: "Todos sin excepción tenemos nuestras facetas ridículas".

Perdí los pelos de todo el cuerpo. No tuve que volver a afeitarme, sin duda una bendición. Entendí, entonces, que la quimioterapia era también una especie de metamorfosis, un proceso de cambio. La hipertensión desapareció súbitamente. La rosácea de la cara también. "Saca ventaja de tus contrariedades; lo que no te mata te hace más fuerte", escribió Friedrich Nietzsche. Un lugar común para los pacientes de cáncer, no por ello menos cierto.

DISTRACCIONES

Al principio, creí que iba a poder leer, que mi tratamiento sería también un retiro intelectual. Llegué a mi segunda quimioterapia con una biblioteca, con una carga de libros y documentos. Entre ellos, estaba, por ejemplo, *Los versos satánicos* de Salman Rushdie, que he querido leer, sin tener el tiempo para lograrlo, desde 1989. No pasé de la primera página. La concentración era imposible. Rushdie sigue siendo una asignatura pendiente.

Contestaba llamadas. Trataba de seguir el ritmo imposible de WhatsApp y sus círculos viciosos: mientras uno responde más oportunamente, más mensajes recibe y más debe responder. Tuve también la oportunidad de volver a ver televisión. El *Tour* de Francia y la Vuelta a España fueron mis compañeros durante muchas horas vacías. Los esperaba con emoción, con gran alegría. Pude verlos sin remordimiento. El superyó ya había entendido que no tenía alientos para mucho más.

Había leído, en un libro sobre el buen morir (tema que retomaré más adelante), una historia aleccionadora sobre el padre del médico e intelectual estadounidense Atul Gawande, un cirujano de origen indio. Con el tiempo comenzó a perder su fuerza vital. Tuvo, entonces, una primera conversación con su hijo sobre el asunto casi inabordable de la muerte: "quiero vivir mientras pueda seguir operando", dijo inicialmente. Tiempo después, cambió sus razones: "quiero vivir mientras pueda seguir yendo al hospital". Pasaron los años y siguió cambiando sus motivos vitales: "mientras pueda viajar en avión a ver a mis nietos". Finalmente, encontró una razón suficiente para vivir: "poder seguir viendo deportes en televisión".

Es sin duda uno de los placeres de la vida, mi forma favorita de perder el tiempo. O, mejor, de usarlo pasivamente. También, casi por necesidad, volví a ver los noticieros de televisión. Había dejado de verlos años atrás. Veía fragmentos por redes sociales, pero no mucho más. Consumía las noticias por escrito. Mi reencuentro fue triste. Me generaron una repulsión inmediata. O yo había cambiado, o los noticieros habían empeorado. Probablemente, las dos cosas. Meses más tarde, cuando ya había terminado mi quimioterapia, tuve la oportunidad de expresar públicamente, en un discurso de grado pronunciado ante un grupo de ingenieros antioqueños, mi rechazo hacia los noticieros que me habían mal acompañado durante la quimioterapia:

> Las noticias son repetitivas, exasperantes. Las mismas día tras día. Un inventario de la miseria humana: asesinatos, violaciones, robos, actos de corrupción... Los noticieros se han convertido en versiones audiovisuales de los tabloides: sangre en la portada, *soft porn* en la contraportada y, en el medio, las fechorías de políticos. Todo parece construido para saciar nuestra curiosidad perversa, nuestro apetito de escándalos. Esa carga de negatividad diaria nos va convirtiendo en "espectadores sin memoria". El escándalo de hoy reemplaza al de ayer. Los noticieros venden lo efímero como

si fuera duradero. Prometen la novedad, pero entregan la rutina. Uno ve uno y los ha visto todos.

Solo tuve algunos momentos, muy pocos, en los cuales fui capaz de leer y escribir con concentración. En uno de ellos escribí un alegato sobre la importancia de las ideas para entender y mejorar las condiciones de salud de la gente. Sin darme cuenta, estaba escribiendo también una defensa de este libro. Muchos ven en la reflexión una actitud diletante. Otros ven en la acción una forma de evadir la esencia de los problemas. Hay una retórica especulativa que se queda en la carreta, pero hay también una retórica de la acción que desconoce la complejidad de la vida. Ante los problemas sociales no conviene la pasividad reflexiva, pero tampoco la acción irreflexiva. Gobernar también es escribir.

Leí algunos ensayos del Nobel de Economía Richard Thaler sobre nuestras falencias cognitivas. Intenté leer una biografía de David Hume, el ateo manso, que murió tranquilo al final de una vida plena. Leí de nuevo a Carl Sagan. Tristemente, su defensa de la razón parece anacrónica en el mundo actual, dominado por mayorías indignadas y vociferantes. "El sueño de la razón produce monstruos".

Una noche, después de leer una noticia en Internet, sin ganas ya de ver la miseria humana en los noticieros, traduje uno de mis textos favoritos: la descripción que hace Carl Sagan de la imagen borrosa de la Tierra vista desde los confines del sistema solar. Es una lección que todos deberíamos tener siempre presente, los sanos y los convalecientes. Vale la pena leerla y releerla cada cierto tiempo:

Pensemos en ese punto. Es nuestro hogar. Es nosotros. Allí están todos los que amas y conoces. Todos los que fueron y han sido. La suma de nuestras alegrías y padecimientos, miles de religiones soberbias, ideologías y doctrinas económicas, todos los fundadores y destructores de civilizaciones, todas las parejas enamoradas, las madres, los padres y los hijos que los llenan de esperanza, todo santo y pecador en la historia de nuestra especie vivió allí, sobre esa mota de polvo suspendida en un halo de luz.

Pensemos en los ríos de sangre derramada por aquellos generales y emperadores para que, en un instante de triunfo y gloria, pudieran proclamar su dominio sobre una fracción de ese punto. Pensemos en toda la crueldad ejercida por los habitantes de una esquina del punto sobre sus semejantes de otra. Cuán frecuentes sus malentendidos, qué tan dispuestos a matarse unos a otros, qué tan fervientes sus odios.

Para mí, todo esto señala la necesidad de tratarnos con mayor humanidad y de proteger y celebrar ese punto azulado, el único hogar que hemos conocido.

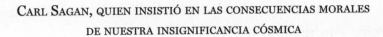

CARL SAGAN, QUIEN INSISTIÓ EN LAS CONSECUENCIAS MORALES
DE NUESTRA INSIGNIFICANCIA CÓSMICA

INFECCIONES

Antes de la tos, fue el hipo. Ocurrió durante la cuarta sesión de quimioterapia. Llegaba sin avisar (intempestivo) y se quedaba por horas (conchudo). Yo recurría a todos los milagros caseros que han sido ensayados, con mayor o menor éxito, durante la historia de la humanidad, incluidas varias contorsiones con vasos de agua. A veces funcionaban, a veces no. La medicina basada en la evidencia no ha estudiado con seriedad a esa dolencia insoportable, el hipo.

Tuve un ataque de hipo que duró varias horas. Compartí con mi hijo las inclemencias. Inventamos varios epítetos para los repetidos espasmos, algunos impublicables. Después, la cosa se puso seria. La quimioterapia me produjo —como consecuencia de una mucositis, me enteraría más tarde— una tos permanente, insoportable. No paraba de toser, sobre todo en el día. Ningún remedio servía, salvo la resignación.

La tos coincidió con la visita del papa a Colombia. No pude ir a la recepción inicial. Tenía las defensas muy bajas y no quería correr riesgos. Sí pude asistir, el día siguiente, a una reunión formal que tuvo lugar en el palacio presidencial. El papa recibió ese día tratamiento de jefe de Estado, una de sus funciones. Fui con corbata y gorrito tejido, mi vestimenta estándar durante esos días.

El papa hizo una defensa elocuente, recia, del papel de los estados como fuentes de equidad. Hizo un llamado, siempre necesario, a la empatía con los más necesitados. Una vez finalizado el acto, concedí algunas entrevistas. Aclaré, recuerdo bien, que mis creencias, o descreencias, no me impedían reconocer el mensaje humanista del papa. Una cosa es el hombre, otra la autoridad celestial. El primero es realidad; la segunda, ficción.

A la salida, un periodista radial me pidió permiso para entrevistar a mi hijo. Yo le dije, entre tos y tos, tomando aire, que no había problema. Junto con otro grupo de niños, Tomás había tenido la oportunidad de estar cerca al papa y de intercambiar con él algunas palabras. El periodista le hizo al aire una pregunta obvia, esperada: "¿qué le pediste al papa, Tomás?". La respuesta fue menos obvia, sin duda inesperada: "le pedí la salud de mi papá y que se le pase la hijueputa tos". El periodista, sorprendido, hizo un comentario cordial, indulgente, y les dio la palabra a sus compañeros en estudio.

El epíteto causó un pequeño furor. Fue compartido frenéticamente en las redes sociales. Suscitó también una solidaridad inesperada. Y muchas risas. Al final, terminó convertido en una anécdota familiar, en una de esas historias —todos las tenemos— que uno no se cansa de contar. Son como las canciones preferidas, pequeños hitos de la vida. Por razones inescrutables, por el vago azar o por las precisas leyes del universo, como dice el poeta, a los pocos días se me quitó la bendita tos.

Pero vendrían cosas peores. Pasé la semana siguiente a la quinta sesión de quimioterapia con una sensación de debilidad. Solía trotar todos los días durante el tratamiento. Era mi manera personal de guerrear la enfermedad, pero esa semana apenas pude caminar. Me sentía débil. Inapetente. Por la noche, además, a duras penas podía dormir, en medio de los escalofríos y el malestar general.

Por esos días, exactamente una semana después de haber terminado mi quinta ronda de quimioterapia, un cuadro hemático mostró un indicio preocupante: las defensas casi habían tocado fondo. Estaba desprotegido, sin leucocitos. De manera estoica e irresponsable, debo admitirlo, decidí aguantar, esperar a que pasara el fin de semana. Los escalofríos seguían, cada vez con mayor frecuencia y severidad. Me sentía sin alientos y comencé a tener fiebre.

Me levanté el lunes temprano después de un fin de semana de miedo. Me tomaron sangre para un nuevo cuadro hemático a primera hora de la mañana. Intenté caminar, como lo hacía siempre. Con dificultades, forzándome, logré hacerlo durante veinte minutos. Terminé muy cansado. Salí, entonces, para una cita médica, encorbatado, con la esperanza de ir a trabajar por la tarde. El superyó de nuevo, incitando a la insensatez.

Llegué a la cita pálido, casi rengueando. El médico ya tenía los resultados del examen de sangre. Mostraban que no tenía defensas: neutropenia absoluta fue el dictamen perentorio. "Tengo que hospitalizarlo ya mismo", me dijo con amabilidad y decisión. Entendí que el tema era serio, que mi intención de ir a la oficina había sido una pretensión ridícula. Salí para la casa a recoger mis cosas, los elementos de baño y demás. No pude almorzar, me acosté a descansar unos minutos y comencé a temblar de manera incesante.

Me paré como pude y llegué a la clínica tembloroso y con fiebre. Me pusieron antibióticos de una buena vez (preventivamente, sin tener todavía un diagnóstico cierto de mi condición) y me tomaron varias muestras de sangre. Los hemocultivos mostrarían, varios días después, que una bacteria propia, gastrointestinal, había aprovechado de manera oportunista (la vida siempre lo es) la depresión de mi sistema inmunológico y había invadido mi torrente sanguíneo. Tenía una sepsis. Al parecer desde hacía varios días.

Esa tarde tuve varios episodios de fiebre. Casi no podía hablar. Pero hacia las siete de la noche, la hora de los noticieros, empecé a sentirme mejor. No tenía fiebre y la debilidad había cedido. Pude pararme y caminar alrededor de la cama. Le dije a mi esposa que se fuera para la casa a acompañar a Tomás, que estaba preocupado, preguntando insistentemente por mi salud. Como suele ocurrir, los niños son expertos en leer las evasivas casi inocentes de los adultos. "Estoy mejor", le dije varias veces a mi esposa. Al fin la convencí y me quedé solo, tranquilo, viendo el noticiero sin ponerle atención. Las noticias se han convertido, al fin y al cabo, en ruido de fondo.

Me dormí alrededor de las diez de la noche. No necesité gotas, ni esencias de vegetales mágicos. Estaba muy cansado. A eso de la una de la mañana me despertaron el escalofrío, los espasmos y la tembladera. Llamé a las enfermeras, que rápidamente se dieron cuenta de la gravedad de la situación. Oí varias versiones de los signos vitales de esa noche, la más frecuente es asustadora (aún en retrospectiva): 41 de fiebre, 180 de frecuencia cardiaca y 60/30 de presión arterial.

Tuve un choque séptico, una complicación previsible, pero peligrosa, de mi tratamiento. Semanas después, mientras navegaba ociosamente por la literatura científica en Internet, de un artículo a otro, leyendo generalidades, encontré una información terrorífica: en una muestra de cincuenta pacientes sometidos al mismo tratamiento que yo, todos tratados en Estados Unidos, casi el 20% había muerto de un choque séptico. Dije entonces, para mis adentros: "estuve cerca". Para morir "solo basta con abrir las ventanas y dejar que entren los ejércitos del olvido".

Al ver la gravedad del asunto, la enfermera a cargo me dijo que iba a llamar a mi esposa. Le dije que no, que no lo hiciera, que no tenía sentido, que iba a estar mejor. Mi esposa, supe después, le había dicho que tenía que llamarla si algo grave ocurría. En los hospitales, en cada momento, hay dilemas éticos por resolver, conflictos difíciles, casi imposibles. Con un sentido práctico admirable, la enfermera optó por llamarla, a las cinco de la madrugada, durante el cambio de turno.

Decidieron no llevarme a la Unidad de Cuidados Intensivos, habida cuenta de mi vulnerabilidad a las infecciones. La gran paradoja de los hospitales es que los lugares más asépticos son también los más peligrosos. Mis signos vitales mejoraron. Los temblores se hicieron menos intensos. Con el pasar de las horas, fui recuperándome. Cuando llegó mi esposa, en la madrugada, ya estaba mejor. No fue un milagro. Fue el poder de los antibióticos que providencialmente habían mantenido a raya a la bacteria, la *Escherichia coli*, que había pasado oronda del intestino a la sangre.

Tuve otro episodio de espasmos esa misma mañana, un temblor incontrolable, frenético, aterrorizante. Logré superarlo con frazadas y masajes, los remedios de todos los tiempos. Los signos siguieron mejorando y al final del día ya estaba mejor. Tomé antibióticos durante varios días, primero en la clínica, después en la casa. Ya al final del régimen, con la locuacidad propia de mi enfermedad —le contaba todo a todo el mundo y aquí sigo haciéndolo—, le repetí esta historia a uno de los médicos del servicio ambulatorio. "Usted estuvo más allá que acá", me dijo.

"Todos lo estamos", respondí, como queriendo completar un poema involuntario.

Muchos años antes, volando de Boston a Washington, había tenido una conversación sobre la muerte con mi jefe de entonces, el economista Ricardo Hausmann. "Se puede caer este avión y muero tranquilo —me dijo—. He tenido una vida interesante". Algo parecido pensé por esos días en la clínica. Yo también he tenido una vida interesante. Privilegiada, si se quiere. La muerte no sería un castigo, ni el tiempo que me queda es un premio. Trato de vivirlo como toca, plenamente consciente "de la fugacidad de todo esto, de la precariedad de todo esto, de la irrealidad de todo esto".

EXÁMENES

Enfrentarse a un juez implacable, indiferente, capaz de revelar los secretos más íntimos de nuestras entrañas: de eso se tratan los exámenes que los pacientes de cáncer esperamos con impaciencia y ansiedad. El juez no es infalible. El veredicto no siempre es completamente veraz. Hay falsos positivos y falsos negativos, pero las sentencias pueden ser definitivas e inapelables. Condenas a muerte. Ni más, ni menos.

Los pacientes poco tenemos que decir en nuestra defensa. Solo mascullamos calladamente nuestras esperanzas. Repetimos en nuestra mente las probabilidades que hemos memorizado, o inferido, de las conversaciones con nuestros médicos, pero sabemos que es en vano. Ya la suerte está echada. La máquina, juez indiferente, e implacable, simplemente revelará el destino escrito en el interior de nuestros cuerpos.

Veinte años atrás, cuando presenté mi último examen de doctorado, había prometido que no me sometería a más exámenes. No quería pasar nunca más por esa angustia, por la espera ominosa y la incertidumbre de las preguntas y las respuestas. No me imaginaba, no podía hacerlo, que años más tarde iba a repetir la experiencia de los exámenes doctorales multiplicada por diez o por veinte. La angustia amplificada por la presencia cercana de la muerte.

Siempre he sido averso al riesgo, a las malas noticias. Aprendí con el tiempo a lidiar con mis miedos, con mi temor a disculpar ilusiones, de una manera peculiar. Tendía a subestimar deliberadamente mi desempeño. Me hacía a la idea de que me había ido mal en el examen, de que lo que podía salir mal, efectivamente, iba a hacerlo. Cuando mis compañeros me preguntaban "¿cómo te fue?", siempre respondía "regular", no tanto mintiéndoles a ellos, sino a mí mismo, tratando de moderar mis expectativas para que cualquier resultado, por malo que fuere, pudiera superarlas.

En mi primer PET *scan* no tuve tiempo de manipular las expectativas. El día anterior me habían dicho que tenía cáncer y el examen tenía un solo objetivo: estudiar la magnitud y expansión del fenómeno. No había mucho que esperar. No había ya muchas buenas noticias que recibir. El veredicto se conocía. Entré al examen con un solo temor, una sola esperanza: que la enfermedad no estuviera regada por todo el cuerpo, que no afectara el cuello y el cerebro en particular.

El examen es sencillo. Uno está todo el tiempo acostado, postrado sobre una camilla deslizante. La camilla se desplaza lentamente a través de una dona gigante, deteniéndose sobre las diferentes partes del cuerpo. Llega al abdomen, por ejemplo, y se desplaza hacia atrás y hacia adelante, como repasando el área de estudio. Por razones que desconozco, unas veces los movimientos oscilantes sobre un área específica son pocos; otras veces, muchos, diez o veinte.

Durante ese primer examen la máquina repasó varias veces, muchas, en oscilaciones interminables, aterradoras, la zona de la cabeza y el cuello. No había pasado lo mismo en otras partes del cuerpo. No pude dejar de pensar lo peor: habían encontrado algo en mi cerebro y estaban examinando el asunto, de allí los ires y venires, las pasadas y repasadas. Terminé el examen. Uno de los ayudantes de radiología me dijo (ya lo conté): "hay unas masas abultadas concentradas en el abdomen. Hoy me toca darle las malas noticias, pero pronto le daré buenas noticias". Sinceridad y esperanza, una combinación difícil. Todo lo que uno puede esperar en un momento así.

El segundo examen, ya en la mitad del tratamiento, después de la tercera ronda de quimioterapia, lo enfrenté con mayor preparación. Pude manejar mejor las expectativas. Me preparé para las malas y las buenas noticias. Sabía, eso sí, que los indicios eran buenos. Los médicos ya no palpaban la pelota de tenis que habían palpado inicialmente al lado izquierdo de mi abdomen. Me sentía bien físicamente. Hacía ejercicio todos los días. Iba a la oficina, como si quisiera merecerme el mote de "guerrero".

Llegué tranquilo. Había podido dormir algunas horas la noche anterior. Esperé con los ojos cerrados, repasando la historia de este libro, en un pequeño cuarto de preparación, cuya luz estaba apagada. Un creyente quizás habría dicho sus oraciones a un dios todopoderoso y omnisciente. Yo me limité a pensar en mis hijos y en mi esposa, en mis razones para sumar algunas otras vueltas al sol.

Entré al examen con la seguridad que da la experiencia. Ya sabía a qué atenerme. Me acosté en la camilla y cerré los ojos. Me dejé llevar por las oscilaciones. Me consolé pensando que yo también había tenido una vida interesante. "He estado en los cinco continentes y en los 32 departamentos de mi país, he escrito varios libros y he tenido dos hijos, solo me falta sembrar el hijueputa árbol", pensé en medio de los ires y venires. Sabía que debía prepararme para lo peor, para una sentencia complicada o una condena a muerte.

Terminó el examen y entró el ayudante de radiología, el mismo que me había dado las malas noticias. Prudente, midiendo sus palabras, me dijo: "todo parece estar bien". Dos días después los médicos confirmarían las buenas noticias. El tratamiento estaba funcionando. Ese día salimos a comer en familia, en un ambiente de felicidad contenida. Nunca me ha gustado cantar victoria antes de tiempo, pero ya sabía que la esperanza tenía un sustento, que el ensayo y error de la oncología, de la medicina de estos tiempos, parecía tener el arsenal suficiente para controlar la recursividad y el oportunismo darwiniano de mi cáncer.

Mi tercer examen, después de haber terminado el tratamiento y sobrevivido a las infecciones, fue más fácil. Sabía que los resultados debían ser buenos. Aceptables en el peor de los casos. Mis elucubraciones me habían llevado a dos escenarios probables: uno positivo: "no se ve nada", "no hay masas"; y otro regular: "vemos algo", "hay un asuntico por resolver". Mentalmente, llamaba a este segundo escenario "nota a pie de página", esto es, resultado positivo, pero con salvedades.

Salí del examen y las noticias preliminares fueron positivas. Esa misma mañana di un discurso a todos los empleados del ministerio con lágrimas en los ojos, con mi esperanza renovada. Sin embargo, los resultados finales mostraron que, después de todo, había una nota a pie de página por resolver, una mancha elíptica en el colon, en una zona misteriosa, alejada de las rutas tradicionales del linfoma. Los médicos me tranquilizaron: "parece un falso positivo, pero toca mirar el asunto en detalle". Tuve varios exámenes adicionales. Más esperas e incertidumbres. Ninguno fue definitivo, pero todos coincidieron: la mancha no parecía estar relacionada con el cáncer; probablemente, era el resultado de una inflamación.

De la pelota de tenis quedó una masa más pequeña, una pelota de *ping-pong* de tres centímetros de diámetro, inerte, sin indicios de actividad tumoral. Tuve varias sesiones de radioterapia preventiva para eliminarla. No sé si quede todavía alguna reliquia. Ahí debe estar. Dicen que puede esconder células malas que con el tiempo, por cuenta del oportunista algoritmo de la vida, lleven a una recaída. Solo los años lo dirán. Mi vida ahora es distinta. Soy más consciente de la incertidumbre. La muerte, pienso a menudo, acecha incesante.

TATUAJES

Un año antes de mi diagnóstico de cáncer, como resultado de un pacto con mi hija Mariana, decidí hacerme un tatuaje en el antebrazo izquierdo. Escogí una frase de un poema breve y misterioso del poeta caribeño Derek Walcott: *feast on your life*. Mis hijos me acompañaron, un lunes al final del día, a un local de tatuajes bogotano, aséptico, con aire de consultorio odontológico. Salimos a comer después de un procedimiento simple, que duró apenas unos minutos. Conversamos animadamente, como si estuviéramos obedeciendo a ese imperativo, a la necesidad de celebrar la vida, aunque la conexión no fuera evidente entonces.

Walcott murió varios meses después, en marzo del 2017. Leo con frecuencia ese poema misterioso, una invitación a un reencuentro personal, a superar la peor traición de todas, la más trágica: la traición a nosotros mismos. Me di cuenta años después, cuando ya me había hecho el tatuaje, y había contado la historia varias veces, que el escritor Héctor Abad Faciolince y el epidemiólogo Alejandro Jadad, dos amigos de la vida, habían intentado juntos, como quien arma un rompecabezas, una traducción al español del poema de Walcott.

EL AMOR DESPUÉS DEL AMOR

Llegará el día
en que, exultante,
te vas a saludar a ti mismo al llegar
a tu propia puerta, en tu propio espejo,
y cada uno sonreirá a la bienvenida del otro,
y dirá, siéntate aquí. Come.

Otra vez amarás al extraño que fuiste para ti.
Dale vino. Dale pan. Devuélvele el corazón
a tu corazón, a ese extraño que te ha amado
toda tu vida, a quien ignoraste
por otro, y que te conoce de memoria.

Baja las cartas de amor de los estantes,
las fotos, las notas desesperadas,
arranca tu propia imagen del espejo.
Siéntate. Haz con tu vida un festín.

Cuando terminé la quimioterapia, durante los días de los exámenes y la auscultación general, volví a tener el mismo impulso, el mismo deseo de hacerme un tatuaje que resumiera mi estado mental, ese momento de incertidumbre y vaivenes emocionales. Los pacientes de cáncer tenemos una predilección narrativa bastante obvia. Nos gustan las historias de otros pacientes, su trasegar reflexivo, su locuacidad. Una de ellas, que se ha convertido en un lugar común, es la de Steve Jobs, el innovador neurótico que transformó, para bien y para mal, la vida de la humanidad en este principio de siglo.

Todas las historias de cáncer se parecen. El diagnóstico intempestivo. Las malas noticias en seguidilla. El cambio de perspectiva. La conciencia opresiva y liberadora de la mortalidad. El miedo o, mejor, las oleadas de miedo y la aceptación posterior de la incertidumbre, a veces serena, a veces resignada. Steve Jobs la cuenta con elocuencia en un famoso discurso de grado en la Universidad de Stanford, haciendo énfasis en la necesidad (utilitaria, podríamos decir) de la muerte, en la importancia de la renovación y la destrucción creativa. *Your time is limited*, dice en algún momento. Eso dice también mi segundo tatuaje, marcado en el antebrazo derecho. Es una advertencia acerca de la brevedad y la extrañeza de todo esto.

PARA LECTORES CURIOSOS

Muchos pacientes de cáncer tenemos la necesidad de contar nuestro cuento. No voy a hacer una antología de historias oncológicas. Pero quiero recomendar algunas lecturas. Ya he mencionado *Mortalidad* de Christopher Hitchens (vale la pena). Más adelante, haré referencia a *When Breath Becomes Air* de Paul Kalanithi. Recomiendo también *Dying: A Memoir* de Cory Taylor (uno de los libros favoritos de Barack Obama), *Gratitud* de Oliver Sacks y *En bus a Santa Marta* de María Camila Dávila. En las semanas previas a mi diagnóstico, traduje con mi hija Mariana el poema *El arce japonés* del periodista e intelectual australiano Clive James, incluido en el libro *Sentenced to Life*. James estaba muriendo de cáncer y compuso, a su manera, una elocuente celebración de la vida:

Tu muerte, ya próxima, es de tipo tranquilo.
Tan lento el deterioro no ocasiona dolor.
El aliento apocado
es apenas incómodo. Sientes la pérdida
de energía, pero tu mente y tu visión perduran:

Magnificadas, incluso. ¿Cuándo en tu vida viste
tanta belleza dulce en la brizna que cae
sobre un arbusto
y empapa el muro de ladrillos atrás en el jardín,
tantas salas suntuosas y corredores de espejos?

Todo es más espléndido cuando la tarde desciende.
El resplandor ilumina el aire.
Nunca termina.
Cuando lleguen las lluvias estará allí,
más allá de mi tiempo, pero tomo ahora mi parte.

La elección de mi hija, el arce japonés es nuevo.
Llegado el otoño sus hojas se tornarán en llamas.
Lo que tengo que hacer
es vivir para verlo. Esto terminará el juego
para mí, aunque la vida sigue del mismo modo:

Llenando la puerta doble hasta bañar mis ojos,
un último torrente de color vivirá
mientras mi mente muere
incendiada por mi visión de un mundo que brilló
intensamente al final, y luego se apagó.

VI

DESIGUALDAD

Of all the forms of inequality, injustice in health care is the most shocking and inhumane.

Martin Luther King, Jr.

Para mi última sesión de radioterapia, un día soleado de diciembre, me levanté temprano y llegué a la clínica antes de tiempo. Me senté en la sala de espera, cerca de un grupo de pacientes que, como yo, había madrugado a su cita. El televisor estaba prendido, sin volumen, en uno de esos noticieros de la mañana que presentan como novedades los accidentes de tránsito y los atracos con arma blanca.

Yo había llegado contento, exultante, con la expectativa de cerrar esa otra etapa del tratamiento que, sin esperarlo, me había producido un reflujo constante y unas ganas permanentes de vomitar. "La vida es una salidera de cosas", decía un compañero de la universidad. En ese sentido, el cáncer y su tratamiento también son como la vida. Uno pasa de una cosa para meterse en otra y, así, sucesivamente.

Mientras esperábamos tranquilos, mirando la televisión, que callada era más soportable, intercambiamos algunas historias del cáncer y la vida. A todos nos había llegado la enfermedad sin avisar, intempestivamente, como una tormenta de verano. Nuestras patologías eran diversas. Había una mujer con cáncer de seno, otra con cáncer de ovario con metástasis en el cerebro, y otra más que acompañaba a su hijo, quien tenía un tumor cerebral. Los niños con cáncer me producen, ahora más que siempre, una suerte de rabia existencial, de lamento en contra de la supuesta sabiduría de la naturaleza y sus frívolos apologistas. "Unos hablan de selección natural, para mí es el horror de la existencia", escribió el poeta mexicano José Luis Pacheco.

Ninguna de mis compañeras de sala supo que el contertulio era el ministro de Salud. La indiferencia hacia la política me parece, después de todo, un síntoma de sanidad colectiva: las sociedades enfermas viven obsesionadas con la política. Compartimos nuestras experiencias con el sistema de salud. Todas pertenecían al régimen contributivo. Eran beneficiarias de sus esposos o familiares. Pertenecían a los estratos dos y tres (en Colombia, por razones prácticas, en mi opinión indefendibles, hemos clasificado a la gente en clases excluyentes, según los sitios de residencia).

Habían sido tratadas oportunamente. Con la mejor calidad. En las mismas condiciones generales en las que yo estaba siendo tratado. Dos de ellas entraron antes que yo a la sesión. Fui testigo de la forma dedicada, casi tierna, como fue tratado el niño antes de ingresar a la máquina de radioterapia e iniciar el "bombardeo", para usar la metáfora militarista de la que se quejaba la novelista y paciente de cáncer Susan Sontag. Las anécdotas son solo eso, anécdotas, casos puntuales que no resumen una esencia, pero esta anécdota va en contravía de las que se repiten a diario sobre la realidad de nuestro sistema de salud. Los noticieros, sobra decirlo, no están interesados en este tipo de historias.

Durante el tratamiento, recibí decenas de mensajes acerca de los tratamientos médicos. Muchas de las historias eran iguales. Pacientes y familiares manifestaban que, contrario a las noticias de todos los días, a las opiniones generalizadas, habían recibido una buena atención, sin pagar un solo peso. Estaban agradecidos y, al mismo tiempo, sorprendidos. Guardé algunas de esas historias con el doble propósito de dar las gracias y compartirlas de alguna forma. El optimismo también se aprende.

Recibí una de ellas en la clínica, durante una de mis primeras quimioterapias, cuando me debatía entre el miedo y la incertidumbre. El remitente era un ingeniero de mi misma edad, que había sufrido un linfoma similar y quiso, tal vez por un impulso altruista, dar cuenta de su experiencia.

Mi diagnóstico vino como producto de una visita a urgencias luego de un par de semanas de malestar general. Mi tratamiento comenzó prácticamente ese mismo día. Fui trasladado a cuidados intensivos, donde me estabilizaron y, luego, fui trasladado al pabellón de hematología donde comenzaron mis quimioterapias.

Mi tratamiento, cubierto en su totalidad por la EPS (algo en lo que quiero ser enfático, pues no soy de familia adinerada, ni tengo familiares con ningún tipo de influencias), no podría haber sido mejor. Las personas que me atendieron, enfermeros, médicos y administrativos, dieron todo de su parte [...] Tuve una atención excelente, con tratamiento oportuno y de calidad. Quiero decirle que me siento muy orgulloso del tratamiento que me salvó la vida y espero que también lo haga con usted. Mejórese pronto.

Dos estudiantes del Departamento de Farmacia de la Universidad Nacional fueron más allá de las anécdotas y analizaron con detenimiento las historias clínicas de dos pacientes del régimen subsidiado, que fueron diagnosticados con un linfoma no Hodgkin de célula grande tipo B (el mismo que yo sufrí). Ambos fueron tratados en el Instituto Nacional de Cancerología. El análisis permite entender, o al menos acotar, los alcances y las desigualdades de nuestro sistema de salud.

El primer paciente tiene 55 años y es conductor de un camión lechero. Consultó al médico por una inflamación en el cuello, que presentaba desde hacía varios meses. Un examen (un TAC, en este caso) mostró inequívocamente una masa sólida en el lado izquierdo. La biopsia tuvo lugar seis semanas después del examen (en mi caso fue apenas dos días después). El tratamiento comenzó un mes después del resultado de la patología y la confirmación del diagnóstico (en mi caso fue quince días después).

Recibió los seis ciclos de quimioterapia de manera puntual. Tuvo algunas complicaciones durante los primeros ciclos, que fueron atendidas, oportunamente, por un especialista, en este caso un endocrinólogo. Tuvo los controles de oncología cumplidamente, cada mes en promedio (como en mi caso). No tuvo un PET —la tecnología de imágenes más avanzada para detectar tumores malignos—de control a mitad de tratamiento (yo sí lo tuve). El PET final tuvo lugar un mes largo después de finalizado el tratamiento. La respuesta al tratamiento parece haber sido buena. Está recuperándose.

La segunda paciente, también del régimen subsidiado, tiene 55 años. Sufre de enfermedad cardiovascular. Un examen de rutina mostró una masa sólida que comprometía la nariz y la faringe. La biopsia, que se realizó oportunamente, confirmó el diagnóstico. Los exámenes genéticos del tumor mostraron, como en mi caso, unos marcadores moleculares positivos. "Alto grado de malignidad", dice la historia clínica sin rodeos. Sé lo que se siente.

Las quimioterapias comenzaron a tiempo. La paciente tuvo el esquema estándar de seis ciclos ambulatorios, uno cada veintiún días. En mi caso, habida cuenta de los marcadores moleculares positivos, los médicos optaron por un cambio de tratamiento, por un esquema distinto, más agresivo. Como yo, sufrió una disminución de las defensas durante la segunda parte del tratamiento, lo que obligó a aplazar uno de los ciclos de quimioterapia. No sufrió de tos, pero sí complicaciones para tragar. En general, no hubo demoras injustificadas, ni en el tratamiento, ni en los controles.

Las conclusiones de este análisis son sugestivas, no definitivas, por supuesto. Sugieren que ambos pacientes recibieron, con algunas demoras, un tratamiento adecuado. En el lenguaje neutro, cauteloso y prudente de las investigadoras, "los datos consignados en la historia clínica y su posterior revisión permiten suponer un buen manejo de la patología para los dos pacientes en estudio".

El plural de la anécdota no son los datos, escribió alguna vez un economista de la Universidad de Chicago. Uno no puede sacar conclusiones generales de las historias anteriores. Sería un abuso de la inducción. Una forma de empirismo vulgar. Tampoco pretendo hacer un análisis exhaustivo de la información agregada, no es el propósito de este libro. Son muchos los artículos académicos que se han ocupado de las desigualdades en salud en Colombia.

Mi intención, modesta si se quiere, es traer a cuento algunas cifras agregadas, tomadas de fuentes oficiales, con el objetivo de reforzar una conclusión parcial: las desigualdades en acceso a la salud son menores de lo que muchos analistas, periodistas y opinadores consuetudinarios argumentan. Sé que no soy un opinador objetivo. Las cifras oficiales repetidas por funcionarios son recibidas con escepticismo. El exceso de suspicacia caracteriza a las democracias mediatizadas de estos tiempos.

Hay mal contados mil casos nuevos de linfoma no Hodgkin cada año en Colombia. Los casos están concentrados en el centro del país, en los departamentos con un mayor nivel de desarrollo. El 75% son personas mayores de 50 años. Las cifras disponibles muestran que, en general, entre la sospecha y el diagnóstico transcurren 30 días, y entre el diagnóstico y el inicio del tratamiento, 27 días. En el régimen contributivo, cerca del 10% de los pacientes empieza su tratamiento 90 días o más después del diagnóstico; en el régimen subsidiado ese porcentaje es del 15%.

Las desigualdades no ocurren, en términos generales, entre unos pocos que reciben un tratamiento oportuno y una mayoría excluida, sino entre la mayoría que accede y una minoría que, por razones diversas, no lo hace. Estas desigualdades son injustificables. No pueden ser aceptadas, lo digo con sinceridad, por ninguna sociedad decente.

En Colombia la salud es un derecho fundamental. Así lo dicen la jurisprudencia y la ley. Así también lo demandan, con razón, los ciudadanos. La sociedad se ha puesto de acuerdo en una idea, en una premisa elemental: las desigualdades de acceso a la salud no pueden ser toleradas. Hay dos principios fundamentales que, en cualquier escenario político, en medio de los afanes destructivos y la retórica de la acción de estos tiempos, incumbe defender.

El primero es la solidaridad. En el régimen contributivo actual, una persona que devenga veinte salarios mínimos contribuye veinte veces más que una persona que devenga un salario mínimo. Cada ciudadano aporta según su capacidad económica. No todos somos conscientes de este principio. Consideramos, de manera errónea, que el sistema debe devolvernos lo pagado en la forma de prestaciones en salud. No percibimos que nuestros aportes ayudan a pagar la salud de todos.

El segundo principio es la igualdad. Todos los afiliados tienen derecho al mismo paquete de beneficios sin distingo de su contribución. Los beneficios son idénticos para los afiliados al régimen contributivo y para los afiliados al régimen subsidiado. En la mayoría de países latinoamericanos —México, Costa Rica, Perú...— existe una brecha (casi un abismo) entre los beneficios de los trabajadores formales y los del resto de la población. No quiero adentrarme en los asuntos abstrusos de la reforma a la salud, pero opino, con vehemencia, que ambos principios deben conservarse en cualquier escenario de cambio.

Muchas veces me han preguntado si el cáncer cambió de una u otra manera mi percepción del sistema de salud, de mi trabajo y de los problemas siempre urgentes de nuestra realidad social. Casi siempre respondo lo mismo: "me hizo más sensible, más consciente de las desigualdades en el acceso a la salud, las más injustas e inhumanas de todas".

DESIGUALDAD DE CIRCUNSTANCIAS

Hace ya veinte años, en otro país, en la que parece otra vida, me levantaba diariamente con una tarea abrumadora: escribir una tesis doctoral. Pasaba días deambulando, tratando de ordenar un conjunto confuso de ideas incipientes, inmaduras. El progreso era discontinuo: semanas de estancamiento eran seguidas por explosiones de creatividad, que me permitían, en parte, recuperar el tiempo perdido.

Solía buscar refugio en una hemeroteca ubicada en el sótano de la gran biblioteca de la universidad. Me sentaba por horas a tomar notas y a resolver acertijos matemáticos, entre otros estudiantes de doctorado. Todos angustiados como yo. Con la misma combinación paradójica de inseguridad y arrogancia.

Tenía la costumbre, para descansar y relajarme un poco, de recorrer los anaqueles que guardaban las últimas ediciones de las revistas científicas de economía. Recolectaba cinco o seis revistas, me sentaba de nuevo y hojeaba lentamente los artículos, las últimas publicaciones, que consistían, casi siempre, en nuevas técnicas para responder las mismas preguntas. La ciencia normal, pienso ahora, es un asunto rutinario, aburrido: la mayoría de los artículos tienen tres o cuatro lectores en su vida útil. No más que eso. Materia desechable.

Uno de esos días, leí un artículo escrito por un joven estudiante de la Universidad de Harvard sobre los mecanismos de perpetuación de la desigualdad, la manera en que la posición socioeconómica se transmite de padres a hijos, los obstáculos a la movilidad social, aun en la tierra del sueño americano. El autor del artículo era Thomas Piketty, por entonces un investigador desconocido, actualmente el gran cartógrafo de la desigualdad en estos años de capitalismo sin freno.

Le saqué una fotocopia al artículo. Volví a leerlo, subrayando lo esencial, con una sensación de aventura, de nuevo descubrimiento. Pasé las semanas siguientes en trance, concentrado en el estudio cuantitativo de la movilidad social. Después, escribí un artículo sobre la relación entre los salarios de padres e hijos en Estados Unidos. Lo incluí como un capítulo de mi tesis. Tristemente, no pude contar con los comentarios de uno de los jurados: estaba muriendo de cáncer en un hospital local. La vida, ya lo sabemos, se conecta misteriosamente.

Mi obsesión con el tema no paró allí. Dediqué varios años de mi vida como investigador a documentar minuciosamente los mecanismos de la desigualdad: el acceso a la educación superior, la interacción con los padres durante la infancia, las conexiones o el capital social, las herencias, entre otros. Escribí un libro sobre educación y movilidad social en Colombia. Ha tenido algunos lectores especializados. Más de cuatro o cinco, espero. El libro muestra, entre otras cosas, que la movilidad intergeneracional en Colombia ha sido inferior a la de otros países de la región, como México y Chile. Somos un país de jerarquías casi perpetuas.

De todo ese tiempo dedicado al estudio de la desigualdad de largo plazo, de nuestras injusticias de largo aliento, me quedó una idea ambigua: un rechazo al nihilismo distributivo, a la resignación, o complacencia, frente a la desigualdad de condiciones y, al mismo tiempo, un rechazo a las utopías regresivas, a las luchas por la igualdad, que quieren destruirlo todo con el fin de instaurar un supuesto paraíso en la Tierra. Escepticismo constructivo o posibilismo, podría llamar a esa idea difusa. Algunas veces, la verdadera responsabilidad consiste en no crear ilusiones; otras, en mantenernos fieles a nuestra condición de soñadores de transformaciones.

He sido testigo, como ministro y como paciente, de las consecuencias de la desigualdad de circunstancias sobre la salud. En muchos casos la salud no causa la desigualdad; por el contrario, la refleja. Es como una esponja, pienso a veces, que absorbe las desigualdades sociales: las desigualdades entre ricos y pobres, entre regiones, entre el campo y la ciudad, entre grupos étnicos... Los sistemas de salud no son capaces de contrarrestar las desigualdades. Pueden aminorarlas, pero no borrarlas.

Volvamos al comienzo de este capítulo, a mi conversación anónima con algunos pacientes de cáncer en una sala de espera. En mi caso, la clínica quedaba a pocos minutos de mi casa. Para mis contertulias, a horas, en la indignidad de Transmilenio. Yo tenía a mi favor la tranquilidad de un seguro de vida, de un ingreso estable, de algunos ahorros... Estábamos en la misma sala, recibíamos un tratamiento similar, las máquinas de radioterapia eran iguales, pero las circunstancias de vida eran muy distintas, lo que afecta (la evidencia es innegable) los resultados del tratamiento. Las desigualdades sociales son los principales determinantes de las desigualdades en salud.

Las tasas de sobrevivencia de los niños con cáncer han aumentado. El progreso ha sido notable. El gráfico lo ilustra con claridad (las cifras corresponden a fechas anteriores a mi llegada al ministerio). El porcentaje de sobrevivientes (después de tres años del diagnóstico inicial) se ha duplicado. Pasó del 35% a comienzos de los años noventa a más del 70% treinta años después. Un resultado de los avances de la ciencia médica y de la democratización del acceso.

Pero las cifras agregadas esconden grandes diferencias entre estratos o grupos socioeconómicos y entre afiliados al régimen contributivo y afiliados al régimen subsidiado. ¿Por qué? Las desigualdades en acceso explican solo una pequeña parte de la diferencia. Las desigualdades sociales, de otro lado, son cruciales. La pobreza es el mayor factor de riesgo. Muchos niños de familias pobres abandonan sus tratamientos o dejan de asistir a las citas: viven en áreas

remotas, sus padres dependen de un empleo informal y
no cuentan con acompañamiento familiar...

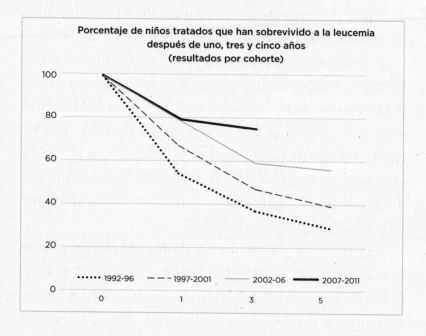

No quiero sacar conclusiones definitivas, pero sí
quisiera volver sobre una idea general, enfatizada, entre
otros, por Héctor Abad Gómez en Colombia y por el
salubrista inglés Michael Marmot en todo el mundo: la
desigualdad en salud refleja la desigualdad de circunstancias y condiciones. "Mientras más alto esté uno en el
orden social, mejor la salud. Mientras más bajo, peor".

Todo está conectado, ese es uno de los mensajes de este
libro. Mis estudios sobre movilidad social y educación,
mi insistencia en la necesidad de una mayor movilidad
intergeneracional, tienen mucho que ver con la salud.

Una sociedad muy jerarquizada no puede ser una sociedad saludable.

¿QUIÉN DEBERÍA VIVIR?

Cada semana recibo de algún paciente un mensaje en tono suplicante, angustiado: una especie de grito de desesperación. Los mensajes son similares, resumen historias con una misma esencia: un paciente que pasó por el tratamiento estándar, por el esquema básico de quimioterapia, sin éxito terapéutico, que tuvo después una segunda o tercera línea de tratamiento sin mucho éxito, y que siente que el sistema de salud le está tirando la puerta en las narices, lo está abandonando a su suerte y destruyendo su esperanza.

"Yo también quiero tener una oportunidad como usted": es la súplica recurrente, pero el asunto es más complejo. Ya el paciente ha tenido veinte o más rondas de quimioterapia, ya se han agotado las opciones del plan de beneficios, ya la falla no es del sistema, sino de la medicina, del conocimiento y de las tecnologías disponibles en esta época.

Usualmente, demandan tratamientos que no han sido aprobados por nuestra agencia sanitaria, el Invima, segundos usos con evidencia tenue, apuestas experimentales y trasplantes sin mucha evidencia. El sistema ciertamente falla en estos casos. Comienzan las dudas, las elucubraciones, la pregunta de siempre, la más difícil de todas: "¿hasta cuándo?". Estudio cada caso, trato de entender la complejidad, de conciliar la sensatez teórica (los recursos son limitados) y la realidad práctica (la esperanza es lo único que va quedando). Es un dilema irresoluble, trágico.

En la mitad de mi tratamiento recibí un largo mensaje de un experto en salud, un consultor y profesor universitario que me planteaba, descarnadamente, una pregunta de naturaleza ética. Podría resumir el asunto con una pregunta retórica: "¿Usted, señor ministro, practica lo que tanto predica?". Vale la pena volver sobre el mensaje, estudiarlo en su totalidad:

En su carta abierta en la que hizo público su diagnóstico al país usted señala que su tratamiento será "...estándar, sustentado en la evidencia, sin apuestas experimentales, ni medidas heroicas". Sin duda, esta es una predicción valiente, pues la necesidad de medidas heroicas y apuestas experimentales llega por circunstancias que no dependen del paciente ni del médico, sino, como usted dice, son del "... mundo de la complejidad biológica, con un halo de misterio".

Con estas frases usted ha demostrado la valentía y el coraje que quisiéramos ver en todos los personajes de la vida pública. Recuerdo, cuando hacía mi maestría en política sanitaria en Harvard, que mi profesor William Hsiao decía que la prueba de fuego para los formuladores de políticas en salud era cuando sus políticas afectaban su vida personal. Y usted, hasta ahora, ha pasado esa prueba de fuego, lo cual merece gran respeto.

Los dilemas éticos en el campo de la salud tienen connotaciones mucho más sensibles que en otros campos de la política pública, porque el bien individual está representado por una víctima visible que está sufriendo y enfrenta la posibilidad de morir. Mientras tanto, el bien común está representado por víctimas anónimas, que nadie puede identificar. Es lo que Norman Daniels llama el dilema entre la víctima identificable y las víctimas estadísticas.

La conexión es obvia: durante sus años en el ministerio usted ha representado con éxito a las víctimas estadísticas, pero ahora usted es una víctima identificable, en los términos de Daniels. Esta es una situación inédita de la cual se derivan muchas implicaciones y no precisamente las implicaciones superficiales de "pasar de ministro a paciente", que tanto les gusta a los periodistas.

Las implicaciones más profundas de esta situación inédita están en las bases de la política pública en salud que mencionaba Hsiao. Si por alguna razón su caso evoluciona hacia un punto en el que se requieran apuestas experimentales y medidas heroicas, el dilema ético entre la víctima identificable y las víctimas estadísticas ya no será representado por dos partes independientes, sino por la misma parte.

Desde ya usted destapó sus cartas: no habrá apuestas experimentales, ni medidas heroicas. Eso es un acto de valentía que admiro profundamente. Desde ya ha dado una lección de coherencia conceptual y ha trazado una línea clara en el dilema ético entre las víctimas estadísticas y la víctima identificable. Pero si por esas razones misteriosas de la complejidad biológica su caso termina requiriendo medidas heroicas y apuestas experimentales (cosa que espero, de todo corazón, ojalá no pase), será una nueva oportunidad para repetir una lección de política pública para una sociedad que prefiere ignorar el dilema ético entre el bien común y el bien individual.

Reciba un afectuoso abrazo.

La carta propone una forma de heroísmo inédito, una suerte de sacrificio personal en aras de la coherencia filosófica. "¿Dice usted defender el bienestar general, el bienestar de las mayorías estadísticas? Demuéstrelo, si tiene la oportunidad, sacrificando su propia vida", parece decir. El derecho a tratar y tratar no puede ser solo para quienes pueden pagar, pero tampoco puede ser para todos porque es impagable. "¿Quién mejor que un ministro enfermo para resolver este callejón sin salida?", sugiere el profesor con agudeza.

Dije que no recurriría a tratamientos experimentales o medidas heroicas. Reitero, como una promesa, que jamás usaría recursos públicos, ni interpondría una tutela para un tratamiento en el exterior no aprobado, o para un medicamento experimental. ¿Dispondría de mis propios recursos? ¿Hipotecaría mi casa? ¿Pondría en riesgo la educación de mis hijos? Probablemente no, pero tampoco quisiera hacer promesas rotundas. En unos meses, o en unos años, ante la inminencia de la muerte, podría cambiar de opinión. Eso me hace, tal vez, menos heroico, pero también más sincero.

Leí hace poco que la escritora Susan Sontag, una racionalista a toda prueba, una intelectual sin grietas, que murió de cáncer, estuvo dispuesta a soportar todo tipo de indignidades con el fin de mantener viva una esperanza tenue. Sucumbió a la tiranía de la esperanza. Yo espero ser más fuerte. Resistir los espejismos de los tratamientos experimentales. Ser coherente hasta la muerte (y en la muerte). Pero no estoy seguro. No puedo estarlo. A los seres humanos nos resulta difícil asomarnos al abismo de la nada y permanecer impávidos, tranquilos y racionales. Dejo aquí consignada, en todo caso, mi voluntad de no someterme a tratamientos heroicos, ni medidas extraordinarias.

Parafraseando a Colette (así empieza este libro), la muerte es el momento adulto de la vida, el más complejo y difícil de todos. Sobre todo, la muerte examinada, lenta y reflexiva de los enfermos de cáncer. El cáncer, ya lo dije, es como la vida (pero más intenso): nos plantea unos dilemas personales y colectivos sin solución, humanos. Demasiado humanos.

PARA LECTORES CURIOSOS

Las cifras estadísticas sobre el cáncer y la oportunidad del tratamiento mencionadas en este capítulo tienen como fuente el documento *Situación del cáncer en Colombia 2016* compilado por la Cuenta de Alto Costo. Los datos de supervivencia de cáncer infantil provienen del registro poblacional de cáncer de Cali. Fueron tomados, en particular, del artículo "Descriptive Epidemiology of Childhood Cancer in Cali: Colombia 1977-2011" (*Colombia médica*, vol. 44, 2013).

El artículo académico de Thomas Piketty mencionado (que instigó mis estudios posteriores sobre movilidad social) es "Social Mobility and Redistributive Politics" (*Quarterly Journal of Economics*, vol. cx, 1995). Mi libro *Los que suben y los que bajan: educación y movilidad social en Colombia*, publicado en el 2002, constituye un primer esfuerzo de cuantificar las conexiones entre los destinos socioeconómicos de padres e hijos. Pinta un panorama problemático sobre la movilidad social en Colombia. No contiene historias humanas que permitan la identificación, pero sí una serie de análisis estadísticos, que nos invitan a mirarnos como sociedad, en el espejo de nuestras propias faltas.

Sobre el impacto de la desigualdad social en la salud existen miles de artículos que no pretendo resumir en este espacio. Sería absurdo. Recomiendo, como abrebocas, como introducción, el libro

The Spirit Level: Why Equality is Better for Everyone, escrito por los epidemiólogos ingleses Kate Pickett y Richard Wilkinson. Muestra, entre otras cosas, que la desigualdad no solo afecta la salud de los más pobres, sino la de todos. Lo compré por casualidad en una librería de Sudáfrica, el país más desigual del mundo.

Mientras escribía este capítulo leí el libro *Swimming in a Sea of Death* de David Rieff sobre la muerte de cáncer de Susan Sontag, su madre. Es un testimonio desgarrador. Termina con una admonición: "En el valle de la tristeza, abramos nuestras alas".

VII
LO NUESTRO

Sólo trajimos el tiempo de estar vivos
entre el relámpago y el viento;
el tiempo en que tu cuerpo gira con el mundo,
el hoy, el grito delante del milagro;
la llama que arde con la vela, no la vela,
la nada de donde todo se suspende
—eso es lo nuestro.

Eugenio Montejo, *Lo nuestro*

Rodó la piedra y otra vez como antes
la empujaré, la empujaré cuesta arriba
para verla rodar de nuevo.

Comienza la batalla que he librado mil veces
contra la piedra y Sísifo y mí mismo.

Piedra que nunca te detendrás en la cima:
te doy gracias por rodar cuesta abajo.
Sin este drama inútil sería inútil la vida.

José Emilio Pacheco, *Retorno a Sísifo*

Mi primer contacto con la muerte ocurrió en los años setenta en Medellín. Tenía yo seis o siete años. La hermana menor de Fernando, uno de mis amigos de la cuadra, murió en un accidente de tránsito en un municipio de Antioquia. Las circunstancias exactas se me borraron de la memoria, están perdidas en el tiempo.

Una mañana de vacaciones, muy temprano, entré con mis hermanos a ver el ataúd blanco, exhibido en el garaje de la casa, de manera austera, sin velas, ni flores. A través de una ventana rectangular, miré por primera vez el rostro de la muerte. Lo escribo ahora, muchos años después, lo sentí entonces, sin poder expresarlo: la tranquilidad del rostro contradecía la tristeza honda, indescriptible, de la escena.

Por la misma época, meses o años después —la memoria, bien lo sabemos, es frágil y tramposa—, murió ahogado en la piscina de un hotel de la ciudad un niño de la cuadra, otro de mis amigos del barrio. Vivía en una casa contigua a la nuestra. Recuerdo una ambulancia negra, ominosa, estacionada al frente de mi casa, un sábado en la noche. Habían dejado prendida la sirena, que lloraba insistentemente.

Mis padres presintieron la tragedia, pero guardaron silencio, nada dijeron sobre esa presencia inusual. Yo no pregunté nada, no abrí la boca, como si quisiera espantar el asunto. Al día siguiente, me enteré del accidente y de su desenlace fatal. Ecos de ecos habían traído la noticia, que mis padres confirmaron moviendo la cabeza y mordiéndose los labios.

Ambos hechos me dejaron un miedo permanente, una melancolía íntima, irreprimible. Con el tiempo, y por la manía explicativa que siempre me ha acompañado, me he convencido de que mi existencialismo precoz viene de allí, de esos primeros contactos con la muerte. O, quizás, sea un asunto de familia, una tendencia más profunda. "Cierro los ojos por la noche y pienso que un día no voy a poder abrirlos —me ha dicho mi hijo varias veces—. Me da la cosa".

Yo también sentía "la cosa". Desde la ventana de mi habitación, en un segundo piso, podía ver, a lo lejos, las luces en las montañas de Medellín, en la cordillera Central, que nos escondió del mundo y nos acercó en demasía a nosotros mismos. Muchas noches, mientras miraba las luces, me asaltaba un miedo ancestral, el horror cósmico ante la desaparición. Sabía que la muerte podía llegar en cualquier momento y presentía que era para siempre, que el universo era completamente indiferente.

Mis miedos de niño fueron menguando con los años, abrieron paso a otras preocupaciones. La adolescencia (esa involución) significó también una pausa en el existencialismo, las angustias de la sociabilidad lo desplazaron.

Con frecuencia, especialmente después de los trece años, el temor a ser rechazado, o excluido, es más fuerte que el mismo miedo a la muerte.

Durante la adolescencia me asaltaba, eso sí, el temor frecuente, inexplicado, de perder a mis padres. Hacía cuentas en mi mente: restaba la edad de mi papá de la esperanza de vida y calculaba el año preciso de un supuesto deceso estadístico. Examinaba de forma obsesiva los factores de riesgo. Sufría cuando salían de viaje. El existencialismo había mutado en otra cosa, en un miedo al desamparo. No creía ser capaz de vivir sin mis padres. Aún hoy no me imagino la vida sin ellos.

En mis años de bachillerato, solía escribir fragmentos de poemas o pensamientos en la última hoja de mis cuadernos de matemáticas. Los tachaba después con pudor adolescente. Siempre traté de esconder mi vida interior. Los tímidos somos así, tenemos nuestros secretos. Todos los fragmentos se perdieron, con excepción de unos cuantos que quedaron grabados en el papiro maleable de la memoria. Uno de ellos resume mis temores de entonces. "Juventud", lo titulé: "todavía invento amores en mis sueños, aún no me ocupo de revivir muertos". Otro más podría titularse "Muerte digna", como para no interrumpir el hilo de esta historia: "la mosca atrapada en una telaraña sin dueño morirá de hambre. Habría preferido, sin embargo, haber servido de almuerzo a la arquitecta de su desastre".

* * *

Años más tarde, cumplido el suplicio de la adolescencia y terminada mi carrera de ingeniería, tuve un nuevo encuentro cercano con la muerte, esta vez más personal, más peligroso, casi definitivo.

Era el año 1988, un año de muchos muertos en Medellín. Había conseguido un empleo en la oficina inmobiliaria, ya mencionada. Vivía entre números y hojas de cálculo. Logré juntar unos cuantos ahorros, después de varios meses de trabajo y aburrimiento, suficientes para la cuota inicial de un carro. Compré un Renault 4 rojo, de fábrica. No eran muchas las opciones o marcas disponibles. Vivíamos en una economía enclaustrada, cerrada al mundo, en la que el único negocio de exportación que parecía prosperar era el narcotráfico.

Tres meses después de esa graduación definitiva en la clase media, un viernes en la noche, mientras regresaba de la casa de mi novia de entonces, un taxi, un Dodge Polara, me cerró el paso de manera imprevista. Tuve que frenar de forma abrupta. De la parte de atrás se bajaron dos personas, gesticulando y agitando los brazos. Una de ellas se levantó la camisa con decisión y me mostró un arma de fuego que lo decía todo, que me obligaba a bajarme del carro. Supe de inmediato que era un asalto. Abrí la puerta y salí del vehículo, indefenso, con las llaves en la mano. Se las entregué sin mediar palabra a uno de los asaltantes, quien las recibió dando un rasponazo y me ordenó: "súbase al carro, súbase".

Me di cuenta después de que los asaltantes habían supuesto que el carrito tenía un seguro contra robo, un aditamento que hacía que, después de prenderlo, se detuviera automáticamente kilómetros más adelante y solo pudiera encenderse de nuevo si alguien presionaba un botón bien escondido en sus entrañas delanteras. Me hicieron subir de nuevo, supongo, como un seguro contra el seguro. No querían correr riesgos innecesarios.

Uno de los asaltantes conducía el Renault 4; el otro, sentado en el asiento del pasajero, manejaba el arma. Yo viajaba en el medio, incómodo, confundido. Nadie iba atrás. Dimos varias vueltas alrededor de la plaza de toros de Medellín. Cruzamos algunos puestos de policía. "Hágase el borracho", me decía susurrante el de la pistola. No querían despertar sospechas, pero un Renault 4 errante, sin rumbo, con tres personas adelante, era sin duda sospechoso.

Después de dar varias vueltas, comenzamos a ascender por la zona noroccidental de Medellín. "Quítese los zapatos", me dijo el conductor. "También la chaqueta", ordenó después. Obedecí mansamente, con movimientos calculados. Después le dio una orden perentoria al compañero: "matalo ya". La repitió varias veces. El compañero no disparó, en lugar de eso comenzó a golpearme con el arma en la cabeza. Me daba un golpe, descansaba unos segundos y arreciaba nuevamente. No podía dejar de pensar, a pesar de la confusión, que los golpes eran un preludio sádico de mi asesinato.

Ya muy arriba en la montaña, en una zona deshabitada, el conductor frenó súbitamente. Me arrojaron a los empujones a una cuneta. Allí permanecí quieto, aterrado, esperando lo peor. El vehículo comenzó luego a moverse lentamente, mientras el asaltante me hacía señas con la pistola, amenazante, como ordenándome que no me parara.

Una vez el carro se alejó, me levanté y corrí descalzo por varios minutos. Daba saltos cada varios metros, feliz de estar vivo. Llegué a una estación de policía, al fondo sonaba un radio a todo volumen. Conté mi historia en medio de la indiferencia policial: era una más en una ciudad que había perdido incluso la capacidad de contar sus muertos. Vivíamos en un círculo vicioso infernal. La impunidad alimentaba el crimen y el crimen alimentaba la impunidad.

Duré varios meses con lo que ahora llamamos estrés postraumático (la psiquiatría se reinventa semánticamente cada cierto tiempo). No era para menos, pero este encuentro con la muerte no me devolvió al existencialismo de mi infancia. Produjo otro efecto, una preocupación por la violencia cotidiana de mi país, una curiosidad ansiosa por entender las causas, las leyes invisibles que habían convertido mi ciudad en el lugar más violento del mundo, en una fábrica de cadáveres abaleados, veinte y tantos diarios en el peor momento.

Escribí varios artículos académicos que escudriñaban las causas traslapadas de la violencia homicida: la impunidad, la cultura de desprecio por la vida, las armas que pululaban en cada esquina... Edité un libro sobre la violencia en América Latina. Otro sobre el narcotráfico y su poder transformador de la sociedad, la economía y la política. Las historias del narcotráfico y la violencia han sido, sin duda, las historias de mi generación.

Todos tenemos un cuento que contar, una historia de vida. Años después de mi encuentro con la muerte, una de mis primas fue asesinada vilmente y mi hermano fue secuestrado por la guerrilla. Ha sido mucho el dolor y el sufrimiento. Ahora menos, debo confesarlo, pero durante un tiempo largo me acompañó un terror *hobbesiano*: la idea fija de la precariedad del orden social, de que el hombre es sobre todo un animal peligroso.

Mi encuentro con la muerte también me empujó a salir de Medellín y a cambiar de profesión. Me refugié intelectualmente en la economía. Decidí estudiar un doctorado en el exterior, pero nunca me alejé mentalmente de mi país. Los temas de mi tesis lo dicen todo: la violencia y la desigualdad. Los problemas colombianos de siempre.

* * *

El existencialismo de mi niñez no me abandonó para siempre. Estuvo dormido unos años. Casi dos décadas. Pero, como si fuera un tumor (la analogía es obvia, pero inevitable), comenzó a crecer lentamente y sin tregua. La conciencia de la mortalidad volvió a aparecer, a llenar mis días. Para bien y para mal.

Tenía ya más de treinta años. Eran los meses finales del doctorado y acababa de ser padre por primera vez. Hicimos un viaje con mis padres desde el sur de California hasta la ciudad de San Francisco. Recorrimos los sitios de siempre. Tomamos fotos. Cultivamos recuerdos. En fin, el peregrinaje turístico de siempre que con el tiempo la nostalgia transforma en felicidad.

Recuerdo una mañana, es lunes en mi memoria, pero pudo haber sido otro día. Yo iba manejando, mi papá iba al lado, en el asiento del pasajero. Nos esperaban varias horas de viaje por carretera. Ya saliendo, en los extramuros de la ciudad, mi papá dijo de manera casual, sin ninguna solemnidad o grandilocuencia: "adiós, San Francisco. No te voy a volver a ver".

Ya han pasado veinte años y recuerdo el momento perfectamente, un momento definido por la exacerbación de la conciencia de la mortalidad. Desde entonces, tengo la costumbre, en un viaje, en ciertas ocasiones especiales, de despedirme mentalmente (por si acaso). En los días previos al tratamiento, con la incertidumbre de todo esto, me despedía de los libros, de las cosas. Le aprendí a mi profesor de filosofía del colegio que la falta de amor por las cosas es un síntoma peligroso. Siempre he cultivado ese amor unilateral por los objetos inertes, que no nos quieren, pero nos acompañan fielmente.

Un poema de Jorge Luis Borges, una especie de autoelegía, de despedida consciente, ha sido mi guía permanente desde entonces. Así vivimos, despidiéndonos:

Jorge Luis Borges, el poeta escéptico, que escribió de
los sueños y las formas que destejen y tejen esta vida

LÍMITES

Hay una línea de Verlaine que no volveré a recordar.
Hay una calle próxima que está vedada a mis pasos,
hay un espejo que me ha visto por última vez,
hay una puerta que he cerrado hasta el fin del mundo.
Entre los libros de mi biblioteca (estoy viéndolos)
hay alguno que ya nunca abriré.
Este verano cumpliré cincuenta años;
la muerte me desgasta, incesante.

Mi existencialismo de cuarentón (con más de la mitad de la vida ya vivida) tuvo como referente al novelista y cineasta colombiano Fernando Vallejo. Compré sus primeras novelas en la librería cercana a mi primera oficina. Las leí con deleite, obnubilado por el lenguaje preciso, el paisaje local y las tiradas existencialistas. He leído cada uno de sus libros. Primero, con avidez de coleccionista; después, con cierta disciplina de investigador. Su histrionismo reciente no me llama la atención. Pero sus libros ocupan un lugar privilegiado en mi biblioteca.

He repasado mis notas escritas en los libros, los muchos subrayados y signos de exclamación. Son siempre parecidos, protestas en contra del paso del tiempo, ese homicida que fluye en vano: "A uno primero la vejez lo tira al suelo y después la muerte lo mata"; "¿O será volver a plantearnos, aunque, en otros términos, la eterna sinrazón de este negocio?"; "Todo se vuelve recuerdos y uno se muere con ellos"; "Muere el *hardware* y se arrastra a la muerte el *software*"; "El Cambio es lo mismo que el Tiempo, y el Tiempo lo mismo que la Vejez, y la Vejez lo mismo que la Muerte. Cuatro que son tres, tres que son dos, dos que son uno"; "La vida es un raudo vuelo que va rumbo a ninguna parte. Vivos o muertos, seguimos en el planeta girando en su traslaticia errancia".

En apariencia, Vallejo es un existencialista iracundo, pero sus peroratas son engañosas. En últimas, son compasivas, solidarias. Primero está, por supuesto, la protesta rabiosa:

Por cuanto a su trabajo se refiere, Dios, la Evolución, o lo que sea, son entidades muy chambonas. Han tenido tres mil quinientos millones de años a su disposición más todos los átomos de la corteza de la tierra, y lo mejorcito que han producido es el hombre. Con vejez y muerte este asunto no sirve. Es una insensatez que viene de un pantano y que va hacia la nada [...] Es que el mundo está mal hecho, Dios lo hizo mal. Resultó un maestro de obra chambón.

Pero detrás de la rabia, de la protesta contra las raíces de nuestro sufrimiento, como decía el biólogo Robert Trivers, yace un sentimiento amoroso, redentor. Así como algunos románticos y muchos pensadores iluminados (Rousseau se me viene a la cabeza) han terminado odiando al hombre de tanto quererlo, así mismo Fernando Vallejo ha terminado amándolo de tanto odiarlo. "La infelicidad ajena es mi desdicha", confiesa en una de sus últimas novelas. Una desdicha nacida de la solidaridad biológica, del entendimiento de la condición humana.

Fernando Vallejo es un pensador paradójico, su odio por la vida es también un apego narcisista a la existencia, y su odio por la humanidad es en el fondo una muestra de amor. Vallejo es un misántropo amoroso que compadece al hombre, pues conoce bien sus ínfulas absurdas de inmortalidad y sus deseos imposibles de felicidad. Al final, como tantos otros, recomienda el amor como consuelo:

El amor es una quimera de un solo sentido como una flecha, que sólo tiene una punta, no dos. ¿Cuándo ha visto usted una flecha que vaya y venga? El amor es para darlo, no para pedirlo. No pida amor. Delo, si tiene. Y si no, pues no.

* * *

Con el tiempo mi existencialismo se fue haciendo más sosegado, casi festivo. La conciencia de la mortalidad no tiene por qué llevarnos a la melancolía, pero sí inspira la preguntadera sin respuesta sobre el porqué de todo; impulsa ese ideal de la vida y la muerte conscientes, examinadas.

En los meses previos a mi diagnóstico, leí un libro que me dejó pensativo por varios días. Fue un llamado de atención. El libro fue publicado de forma póstuma en Estados Unidos, y es una suerte de testimonio imprescindible sobre lo que importa de verdad. Su autor, el neurocirujano estadounidense Paul Kalanithi, lo escribió durante los últimos días de su vida. Cuenta dos historias. La primera es la de un médico brillante: su ascenso por la pendiente de la meritocracia, sus grandes logros y distinciones académicas, su obsesión con la destreza técnica y su entendimiento posterior de los límites de la medicina ("mi ideal no es salvar vidas sino ayudar a las familias en la comprensión de la muerte y la enfermedad").

La segunda parte es una búsqueda personal de significado ante la inminencia de la muerte. Kalanithi fue diagnosticado con cáncer. Su vida había sido una preparación para una carrera brillante como cirujano, pero de un momento a otro, súbitamente, todo quedó en nada. Vinieron las angustias. Los esfuerzos —vanos algunos, incompletos otros— por entender un destino irónico. Kalanithi incluso regresó, sin éxito, al catolicismo de su infancia. No es fácil, ya lo dijimos, ignorar lo sabido. Los falsos consuelos son con frecuencia ineficaces.

Al final pudo contar su historia, un testimonio de la precariedad, la fragilidad biológica y la inutilidad de nuestros planes.

> La mayoría de nuestras ambiciones son alcanzadas o abandonadas. De cualquier manera, pertenecen al pasado. El futuro, en lugar de ser una escalera hacia nuestros objetivos, se aplana en un perpetuo presente. El dinero, el prestigio, todas las vanidades son [...] manotazos al viento.

No fue el médico brillante, sino el paciente moribundo quien, después de todo, nos entregó una historia de humanidad.

Recordé muchas veces esta lectura después de mi diagnóstico de cáncer, con mi existencialismo de siempre y mi búsqueda personal de significado. Los seres humanos somos los únicos animales que vivimos bajo la sombra perpetua de la muerte. Algunos más que otros, pero todos, en algún momento, reflexionamos sobre la esencia, sobre el sentido de la vida.

Un año y medio antes de mi encuentro súbito con la mortalidad, antes del diagnóstico, había pronunciado un discurso de grado que parecía premonitorio. Parecía, digo: la vida es sobre todo una sucesión de coincidencias. Con el tiempo, dije entonces, los éxitos y los fracasos se relativizan. En cincuenta años los más felices serán los más amados y los más dignos de amor. La fama y la fortuna cuentan por un rato, pero al final importan menos.

Mucho menos. Sin amor, sin amar y sin ser amado, tal vez no vale la pena nuestro tránsito efímero por este planetica.

Repetí esa frase muchas veces durante mi tratamiento, en varias entrevistas y conversaciones. No me arrepiento, pero tal vez sea tiempo de hacer algunas precisiones. También importa, creo, el amor indirecto, el trabajo que hacemos por los otros, por quienes no amamos, ni podemos amar, pues no conocemos. Al fin y al cabo, somos una especie cooperadora, dependemos de los otros, del conocimiento y el trabajo de los demás. La civilización radica en eso, en hacer compatibles el bienestar individual y el colectivo.

También son importantes los momentos felices. Todos tenemos un inventario personal de diminutas dichas. Yo ya hice mi lista en otro capítulo, pero la felicidad está sobrevalorada. "Lo bueno de la vida es complicarla", decía el profesor de filosofía que ya he mencionado varias veces. Tal vez la esencia de todo no sea la felicidad, sino tener, al final de la vida —como Paul Kalanithi, como Fernando Vallejo—, una buena historia que contar. Tal vez nuestra única defensa ante la muerte y la insignificancia consista en eso, en tener un diálogo con el mundo y contar el cuento de nuestra brega cuesta arriba. Contar el cuento. Eso es todo.

"Piedra que nunca te detendrás en la cima: / te doy gracias por rodar cuestabajo. / Sin este drama inútil sería inútil la vida", dice el poeta.

PARA LECTORES CURIOSOS

Mi artículo sobre la epidemia de crimen violento en Colombia, "Increasing Returns and the Evolution of Violent Crime: The Case of Colombia" (*Journal of Development Economics*, vol. 61, 2000) todavía tiene alguna vigencia. Comienza con un epígrafe de la poeta polaca Wislawa Szymborska: "Qué moraleja sale de todo esto: parece que ninguna. / Lo que en verdad fluye es la sangre que pronto se seca / y siempre algunos ríos y algunas nubes". He leído toda la autoficción de Vallejo. También leí sus biografías de Barba Jacob, José Asunción Silva y Rufino José Cuervo. Todas están llenas de notas y comentarios al margen. Transcribo aquí una columna que escribí en las semanas previas a mi llegada al Ministerio de Salud. Lo hago en parte por capricho y en parte porque une los dos temas de este capítulo (la muerte y la violencia), y también porque refleja mi pensamiento actual sobre la futilidad de las pasiones políticas.

Leí en *El cuervo blanco*, el último libro de Fernando Vallejo, una carta escrita por el ingeniero Luis María Lleras Triana a su amigo y compadre Rufino José Cuervo en 1885. Lleras había abandonado a su familia en Bogotá y se había unido a las milicias liberales que luchaban contra el gobierno conservador de la época. La carta es un testimonio esclarecedor sobre las pasiones políticas:

Compadre, la guerra es un vértigo, es una locura, es una insensatez; y los hombres más benévolos se vuelven bestias feroces; el valor del guerrero es una barbaridad. Pero cuando uno toma las armas no puede, no debe dejarlas en el momento de peligro, no puede volver la espalda a amigos, enemigos y hermanos, sin cometer la más baja de las acciones, sin ser un cobarde y un miserable.

A Luis Lleras lo mataron a los pocos días de un bayonetazo en la batalla de La Humareda. Su sacrificio fue en vano. Algunas semanas después, Rafael Núñez anunciaría la muerte de la república federal. Cuenta Vallejo que cuando escribió la carta, el 11 de junio de 1885, Lleras llevaba seis meses sin saber de sus ocho hijos, a quienes había abandonado con el propósito de luchar por el bien de la patria o el bienestar general o las sacrosantas ideas liberales, o cualquier cosa por el estilo. Escribe Vallejo: "Esto es lo que en español castizo, que tan caro le era a don Rufino, se llama un solemne hijueputa. Para Colombia era un buen colombiano".

Como Luis Lleras, muchos han sucumbido a las pasiones políticas, han dedicado sus vidas a refriegas oscuras, a luchas ideológicas sin sentido. Otros han abandonado a sus familias en busca de algún ideal imposible. A todos, sin embargo, nos pasa lo mismo, en mayor o menor grado. Odiamos a quienes no conocemos por cuenta de sus ideas u opiniones políticas. Peleamos encarnizadamente por defender ideologías dudosas. Vivimos obsesionados con los demagogos que nos gobiernan. Protestamos por sus pronunciamientos más insulsos. Nos tomamos demasiado en serio el espectáculo consuetudinario de la política. No vale la pena, pienso ahora. Quisiera, si tengo más años por delante, dedicarme a construir pequeñas historias, a vivir por fuera de la refriega de la política.

VIII
LA BUENA MUERTE

Pido a la medicina si es que ella sabe algo
detrás de su imponente fachada
y de sus sórdidos interiores
que me mate sin dolor
no comparto el dolor como forma (gratuita) de cono-
cimiento
nunca he asistido a sus cultos religiosos detrás de su
fachada imponente
qué chuchas puede enseñar el dolor a un agonizante
ni siquiera en compañía de la resignación
no hace más que degradarla
en aullido.
La muerte debe venir en una atmósfera de relatividad
como una burguesa que visita por primera y última vez
a cultivar la amistad sin interrupciones
con un casual admirador que lo ha hecho todo
para aceptarla.

Enrique Lihn, *Pido a la medicina*

Una década atrás, en un largo ensayo de George Orwell sobre Jonathan Swift, leí que *Los viajes de Gulliver* era uno de los cinco libros que uno debía empacar para un hipotético, e irrealizable, viaje a una isla desierta. Esas tierras fantásticas, pobladas por versiones amplificadas o reducidas de los seres humanos, hacen parte de la imaginación colectiva de la humanidad; son más reales, en cierto sentido, que muchos paisajes verdaderos. Me propuse, entonces, leer nuevamente las aventuras del capitán Gulliver, ya con los ojos escrutadores del adulto. Poco recordaba de mis contactos juveniles, efímeros, casi indiferentes, con este clásico de la literatura.

El propósito quedó así, como una entrada más de una larga y creciente lista de lecturas pendientes. Una noche, por casualidad, mientras recorría ociosamente librerías en Internet, me topé con una primera edición de *Los viajes de Gulliver*, publicada en 1726 en Londres. Me llamó la atención su precio, un poco más de cien dólares. Una ganga, sin duda. Los pocos ejemplares que quedan en el mercado de libros de segunda tienen precios astronómicos, ridículos, de diez mil dólares o una cantidad por el estilo.

PRIMERAS PÁGINAS DE LA PRIMERA EDICIÓN
DE LOS *VIAJES DE GULLIVER*

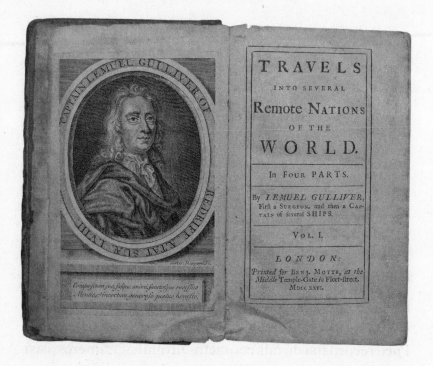

Decidí comprarlo, en un arranque irracional, inexplicable. El Nobel de Economía Richard Thaler ha llamado la atención sobre nuestra propensión irrefrenable a aprovechar los precios bajos, independientemente de la bondad del producto y la urgencia de nuestras necesidades. Usé mi tarjeta de crédito con un leve remordimiento. Pasaron varias semanas y no recibí nada. Ni siquiera una noticia de cancelación. Escribí varios correos electrónicos rabiosos, denunciando el supuesto engaño. No recibí respuesta. Me resigné. No era la primera persona, pensé, en ser víctima de un fraude por Internet.

Pasaron otras dos semanas sin noticias hasta que una tarde, de improviso, llegó a mi casa un paquete proveniente de un pequeño pueblo del estado de Illinois, en Estados Unidos. Adentro venía el primer volumen de la primera edición de *Los viajes de Gulliver* en perfecto estado. Cambiaba de dueño una vez más, casi tres siglos después de su publicación. Venía acompañado de una carta escrita con una caligrafía meticulosa, de otro tiempo. Me la dirigía el vendedor en el tono apesadumbrado de quien se desprende de algo muy valioso.

Decía que muchas décadas atrás había comprado, en una venta de garaje, una caja cerrada, misteriosa, rotulada "Viajes fantásticos", que contenía muchos libros diferentes. Había encontrado a *Gulliver* dentro de la caja, como un tesoro escondido. Aclaraba, como cuestión de orgullo, que sabía bien que el precio de venta era inferior al del mercado. Me estaba haciendo un regalo: yo podía vender el libro inmediatamente por mucho más. Ya no le importaba el dinero, decía. Estaba muriendo de cáncer y solo le quedaba una dicha en la vida: coleccionar estampillas con su nieto. Me pidió que le enviara unas estampillas de mi país, ojalá escasas, de principios del siglo xx.

Con la primera edición en mis manos, ya no pude posponer más la lectura de *Gulliver*. El azar muchas veces nos impone las prioridades. Me pareció un libro paradójico, una sátira en contra de la política de su tiempo que se lee con urgencia atemporal tres siglos después, una denuncia de la humanidad que es al mismo tiempo una celebración de la vida, un libro antihumano, que ha fascinado a los hombres por siglos, y lo seguirá haciendo.

Gulliver contiene, además, una elocuente crítica a nuestras pretensiones de prolongar artificialmente la vida. La vida, sugiere sutilmente, necesita de la muerte. En uno de sus viajes por tierras remotas el capitán Lemuel Gulliver visitó la pequeña isla oriental de Luggnagg. Al poco tiempo de su llegada el viajero tuvo noticia de la existencia de los Struldbrugs, la "gente inmortal". Los Struldbrugs nacen con una mancha roja en la frente, que va creciendo y cambiando de color: de roja pasa primero a verde, después a azul y finalmente a negro carbón (como la vida).

Gulliver reaccionó con alegría ante la noticia de los hombres inmortales:

> Feliz la Nación donde cada niño tiene la oportunidad de ser inmortal. Feliz la sociedad que puede nutrirse de tantos ejemplos vivos de virtud y sabiduría. Pero felices ante todo los Struldbrugs, quienes no tienen que padecer la calamidad universal de la raza humana y cuentan con sus mentes libres, despejadas, sin el peso y la depresión del espíritu que trae consigo el temor a la muerte.

Pasado el entusiasmo, Gulliver enumeró las cosas que haría si pudiera vivir eternamente. Primero, dijo, se dedicaría a construir una fortuna; luego, al estudio de las artes y las ciencias; finalmente, a la observación de los administradores públicos: "Me convertiría en una fuente de riqueza, conocimiento y sabiduría. Sería testigo de la historia, de las civilizaciones que emergen con modestia, crecen con orgullo y caen con estruendo".

Los interlocutores escucharon el discurso de Gulliver con la mueca que usualmente acompaña a la condescendencia. Algunos explotaron en una risa burlona, casi desafiante. Uno de los intérpretes pidió la palabra para hacer algunas precisiones necesarias. La juventud eterna es una ilusión extravagante, señaló. La inmortalidad no es otra cosa que la perpetuación de la vejez y de la enfermedad. Los Struldbrugs no solo padecen las indignidades de la vejez, sino también la tristeza que acompaña la certidumbre de un sufrimiento eterno. Pierden los dientes, el cabello, el apetito y el lenguaje. Son crisálidas perpetuas.

Al final de su viaje, el soberano de la isla de Luggnagg le hizo una pequeña recomendación a Gulliver: "Sería conveniente enviar dos o tres Struldbrugs a su país para combatir el miedo a la muerte". Al final concluyeron, de manera utilitaria, que el transporte de ida y vuelta saldría muy costoso, pero el ejemplo habría valido la pena. La perpetuación de la vejez parece ser una aspiración de esta época, de este mundo de ilusiones vanas y fantasías tecnológicas.

Incluso, el goce eterno, el hedonismo para siempre, puede ser insoportable. El escritor inglés Julian Barnes lo describe con inteligencia y humor en su libro *A History of the World*. Después de una vida larga, un burgués indiferente llega, con merecimiento o no, al cielo. Todo resulta como lo pintaban. Fiestas con las mujeres más bellas y desinhibidas. Conversaciones con personas inteligentes y abiertas. Las mejores comidas y bebidas. El paraíso, sin duda. Pasa el tiempo, pasan los días de placer y una tarde el burgués le pregunta a uno de los administradores del lugar (siempre hay alguien encargado de limpiar la mugre) por un lugar extraño donde se arremolina la gente en silencio: "¿Qué pasa allí?". "Muy simple. Si alguien está cansado, presiona un botón y listo, se acabó todo". "¿Alguien lo hace?". "Tarde o temprano. Todos terminan haciéndolo".

Así es la vida. En algún momento llega el cansancio de los días. La felicidad eterna podría ser también un aburrimiento insoportable. La inmortalidad es una pretensión sin sentido.

*　*　*

Mis lecturas sobre la excesiva medicalización de la muerte, sobre la pretensión de hacer y hacer para prolongar de forma absurda lo inevitable, no terminaron con *Gulliver*. La visita literaria a la isla de los inmortales fue solo el comienzo. También por casualidad, como resultado de unas horas de ocio en una librería, leí un largo ensayo de la periodista californiana Karen Butler, una suerte de elegía y de denuncia al mismo tiempo sobre la muerte lenta y angustiosa de su padre, un profesor universitario culto y orgulloso, por parte del sistema de salud de Estados Unidos.

Cuenta Butler una conversación que tuvo con un preparador de cadáveres sinoamericano, quien llevaba varias décadas en el oficio y había sido testigo de un cambio inquietante: antes me llegaban los cadáveres como ramas secas, marchitos, ahora me llegan inflados, abotagados, llenos de moretones, torturados. Las últimas palabras, manifestación postrera de la conciencia, fueron por muchos años una fuente de sabiduría para la humanidad. Pero, señala Butler, muchos moribundos no pueden ya pronunciarlas, pues mueren con un tubo en la garganta. Sedados. Incapaces de despedirse de sus seres queridos.

Los incentivos perversos de la medicina moderna (pagar por hacer sin reparar en las consecuencias) y los efectos inesperados del cambio tecnológico (capaz de prolongar la vida, pero no la dignidad) han transformado completamente nuestra forma de morir. La tecnología ha sido más exitosa en el mantenimiento del cuerpo que en la preservación de la mente. En palabras de Stanley Prusiner, Premio Nobel de Medicina, "estaríamos en efecto creando una nación de personas dementes, congeladas". *Hardware* sin *software*, como dice el novelista colombiano Fernando Vallejo.

El encarnizamiento terapéutico se convirtió en la norma, en la regla, no en la excepción. En Estados Unidos, el 80% de los pacientes quiere morir en casa, pero solo el 24% lo logra. Como ya dijimos, el 40% de los oncólogos estadounidenses confiesa haber formulado de manera consciente medicamentos innecesarios, que no retrasarían lo inevitable y harían menos llevaderos los últimos días de sus pacientes. "Yo también he prolongado innecesariamente la vida de mis pacientes", confiesa el médico de la Universidad de Harvard Angelo Volandes, quien propone, de forma razonable, dejar de lado el frenesí tecnológico y tener una conversación franca con los pacientes y sus familiares. "Estamos haciendo daño", confiesa con candor y preocupación.

En el mismo sentido, el médico y escritor Atul Gawande argumenta que las decisiones sobre la muerte con frecuencia han sido delegadas en técnicos que han olvidado los miedos y las esperanzas de los enfermos terminales. "Han infligido mucho dolor al intentar medidas heroicas e ignorar las necesidades humanas de los pacientes", dice. El neurocirujano y autor inglés Henry Marsh hace una confesión inquietante, producto de su experiencia y su mirada retrospectiva. Si hubiera hecho seguimiento a la vida de mis pacientes, si hubiera sido más consciente de lo que fue o ha sido la existencia de ellos, habría hecho mucho menos, dice.

He mencionado varias veces al polemista y ateo practicante Christopher Hitchens. Es uno de mis referentes intelectuales. Murió de cáncer de esófago hace unos años. Fue también un enfermo locuaz, reflexivo, inconforme. Dejó un breve testimonio acerca del tratamiento, de las inclemencias sufridas, del padecimiento del cuerpo y del espíritu durante la estadía en "Tumorlandia".

Murió no como lo había hecho David Hume, el filósofo descreído —tranquilamente, con una suerte de resignación feliz—, sino institucionalizado, con su dignidad comprometida. Tumorlandia es un lugar terrible, triste para morir, pero para muchos es ineludible. La medicalización de la muerte es una tendencia global.

Todos saben que el paciente va a morir, pero pretenden que hay esperanza, siguen estrictamente los rituales, pues consideran que esos son los deseos del paciente. Mientras tanto el paciente observa al médico, quien ofrece una nueva alternativa o tratamiento, y piensa para sí mismo: "si el médico pensara que no va a funcionar, no me lo ofrecería". Pero lo que el médico no dice es que las probabilidades son mínimas y que solo está respondiendo a las necesidades del paciente por esperanza. Es surrealista.

No es fácil, ya lo dijimos, asomarse al abismo y renunciar a todo. La renuncia puede ser un vacío insoportable. La buena muerte es un equilibrio complejo entre la necesidad de esperanza y el imperativo de no prolongar el sufrimiento. Varias personas me han preguntado si mis lecturas y reflexiones sobre la muerte fueron resultado de mi diagnóstico de cáncer. Tengo que decir que no, que vinieron antes, probablemente por la mayor conciencia de la mortalidad que viene con los años. Es otra conexión interesante, imprevista.

Hay otra conexión adicional que vale la pena traer a cuento. A finales del 2014, mientras estaba inmerso en mis lecturas existenciales sobre la buena muerte y los límites de la medicina, recibimos una comunicación de la Corte Constitucional en la cual nos ordenaban, de manera perentoria, reglamentar la eutanasia en Colombia en un plazo de tres meses. Pasé, entonces, de la teoría a la práctica. Tuve que liderar una transformación inédita, sin muchos antecedentes. Colombia es el primer país con eutanasia legal en la región.

EUTANASIA EN COLOMBIA

El derecho a morir dignamente en Colombia tiene lugar y fecha de nacimiento: sede de la Corte Constitucional, 20 de mayo de 1997. Nació con la sentencia C-239 del magistrado Carlos Gaviria Díaz ("que en paz descanse", decimos por respeto, pero muchos sabemos que sobran las palabras: la muerte no es más que una noche sin final). Una sentencia que dos décadas después de su expedición sigue siendo una importante lección de bioética y una elocuente defensa de las libertades individuales.

La Corte Constitucional ha tenido un papel preponderante en este, y otros asuntos similares, que involucran valores y creencias de la sociedad. "Los grandes cambios en la masa de la humanidad no serán posibles si no cambian sus modos de pensamiento", escribió John Stuart Mill hace ya 150 años en su *Autobiografía*. Más allá de la defensa de los derechos humanos, la Corte ha promovido el cambio cultural y ha contribuido decididamente a transformar los modos de pensamiento de los colombianos.

Un simple silogismo basta para resumir la sentencia del magistrado Gaviria. La primera premisa tiene que ver con el respeto irrestricto a la dignidad humana; la segunda, con la defensa de la autonomía individual y el reconocimiento del individuo como sujeto capaz y responsable. Si se juntan ambas premisas, surge la principal conclusión de la sentencia: "El derecho a vivir en forma digna implica también el derecho a morir dignamente".

Esta sentencia no tuvo ningún tipo de desarrollo durante más de una década. Fue un enunciado general, una suerte de manifiesto liberal sin implicaciones prácticas, una idea poderosa en busca de implementación. Pero este vacío reglamentario cambió después de que el magistrado Luis Ernesto Vargas retomó el asunto en el 2014, motivado por la acción de tutela de una paciente de cáncer que murió con su dignidad comprometida, desvalida, sin control alguno sobre su propia vida (o, mejor, sobre su propia muerte).

La sentencia T-970 del magistrado Vargas impuso al Ministerio de Salud la obligación de reglamentar la eutanasia. Asumí la tarea con convicción. Mis lecturas previas me habían dado los argumentos necesarios. Sabía íntimamente que era un asunto crucial, de vida o muerte (así suene redundante). La eutanasia pasó, entonces, de la teoría a la práctica. Se convirtió en una realidad institucional.

Las exhortaciones al Congreso sobre asuntos complejos, divisivos, que involucran choques de valores, terminan siendo eso, simples llamados de atención. Tienen pocos efectos prácticos. No es que exista abulia legislativa, como se dice con frecuencia, ni que el Congreso se niegue a legislar, como se acusa consuetudinariamente. La verdad es otra: el Congreso, una entidad que representa las preferencias y valores de la sociedad, difícilmente puede llegar a un acuerdo sobre un asunto que divide a los ciudadanos. Por eso pasaron muchos años sin que el Congreso reglamentara la eutanasia. En últimas, fue una norma del ministerio la que le dio un sustento a la muerte digna en Colombia.

El proceso inicia con la manifestación explícita de la persona, con su consentimiento libre, informado e inequívoco, con su deseo de poner fin a su vida. Debe existir, además, un concepto objetivo, de naturaleza técnica, que muestre que la persona es un enfermo terminal. Si se cumplen estas dos condiciones —voluntad individual y enfermedad terminal— se puede efectuar legalmente el procedimiento.

La reglamentación de la eutanasia trajo consigo tres retos prácticos. Primero, garantizar que cada hospital o clínica —sobre todo los que ofrecen servicios de alta complejidad— tuviera un comité interdisciplinario, encargado de verificar el cumplimiento de los requisitos mencionados, la voluntad de la persona y el estado del enfermo terminal. Segundo, establecer unas reglas generales sobre la condición de "enfermo terminal" para enfermedades oncológicas y enfermedades avanzadas no oncológicas (enfermedad pulmonar avanzada, enfermedad cardíaca avanzada, enfermedad hepática avanzada...). Para cada caso existe una serie de parámetros que definen la condición de "enfermo terminal". Estos parámetros, por supuesto, deben entenderse como una recomendación, no como una imposición.

El tercer reto práctico consistía en definir el protocolo para el procedimiento, con base en la evidencia disponible y en un consenso de expertos. Actualmente, Colombia es el único país de América Latina que cuenta con un procedimiento claramente definido para la eutanasia legal. Aún hay algunos asuntos sin resolver, todos muy complejos: la eutanasia en personas que no expresaron con claridad su voluntad y en pacientes con enfermedades degenerativas.

Según los registros oficiales, se han presentado casi cuarenta casos. Probablemente, hay muchos más. La discusión sobre la eutanasia ha suscitado un diálogo necesario en la sociedad sobre la muerte digna, sobre la necesidad de proteger la voluntad individual y salvaguardar la dignidad humana. He participado en este diálogo de tres maneras: primero, como ciudadano interesado; segundo, como ministro, regulador y hacedor de normas sociales; y tercero —y no de forma excluyente—, como un paciente de cáncer que contempla la eutanasia como una alternativa real, que me permita recibir la muerte a la manera de "un casual admirador que lo ha hecho todo para aceptarla".

EL BUEN FINAL

El médico colombiano Alejandro Jadad, uno de los grandes promotores globales de la buena muerte, ha descrito con elocuencia las consecuencias adversas de la medicalización derivadas de una confusión de estos tiempos: la creencia en que el objetivo de la medicina es evitar la muerte. Vale la pena volver sobre sus palabras:

> Se nos ha expropiado la vida hasta el último suspiro. Hasta hace poco la muerte se consideraba algo natural e

inevitable, que requería preparación individual, familiar y social; incluso había manuales para guiar este proceso. Pero cuando se descubrieron la penicilina y otras tecnologías curativas, la humanidad tuvo clara su capacidad para hacerle frente a la muerte a gran escala. Ese éxito de vencer las causas prematuras de la muerte nos hizo creer que se podía hacer lo mismo con todas las enfermedades mortales. Los científicos y médicos se creyeron, entonces, con la autoridad y la responsabilidad para lograrlo.

Jadad ha recopilado algunas de las condiciones de una buena muerte. Puede haber más. Uno nunca puede ser completamente exhaustivo, pero son, sin duda, condiciones necesarias, fundamentales: morir donde uno quiere, estar al lado de la familia y de los amigos, evitar las medidas artificiales e innecesarias, controlar el dolor, mantener la conciencia y la autonomía sobre la medicina, y tener la posibilidad de la eutanasia.

"Los días, que uno tras otro son la vida", escribió el poeta nariñense Aurelio Arturo. Con el paso de los años, por la inevitable mirada retrospectiva, los adultos caemos en la cuenta de que no todos los días son iguales. Unos importan más que otros.

En general, importan los picos. Los momentos de frenesí, de exuberancia, en los cuales el gran misterio de la existencia parece resuelto y nada parece tocarnos, ni las opiniones adversas, ni los vaivenes de la fortuna. Pero también importan los finales: el último rato de las vacaciones, el grado de la universidad, las despedidas y, por supuesto, nuestros últimos días antes de partir para siempre. Los momentos preliminares de la muerte importan. Sobra decirlo.

Esos días finales pueden ser mejores o peores. El encarnizamiento terapéutico, el sufrimiento inane y el dolor pueden empeorarlos. Los cuidados paliativos y la compañía de nuestros amigos y familiares pueden mejorarlos. En algunos casos excepcionales la eutanasia también puede ser un alivio. A veces toca despedirse así, apurando las cosas. Todos sabemos que las despedidas no deben aplazarse más de la cuenta.

"Lo peor de la vida es que la peor parte viene al final", escribió con resignación trágica el filósofo inglés Michael Oakeshott. Pero una conversación franca sobre la muerte, sobre nuestra finitud y nuestros deseos al final de la vida, puede aliviar ese destino trágico. Este libro aspira a eso, a ayudarnos a echar nuestro cuento, a contar nuestra historia y a prepararnos para la muerte. La vida examinada (ese imperativo socrático bajo el que he tratado de vivir) necesita también una reflexión en voz alta sobre el final, sobre la muerte, que todo lo acaba, pero al mismo tiempo engrandece todo lo vivido.

PARA LECTORES CURIOSOS

En su memoria *Knocking on Heaven's Door: The Path to a Better Way of Death*, Katy Butler muestra, a partir de su experiencia personal con la muerte de su padre, de qué manera la influencia de la industria farmacéutica, los incentivos para hacer y hacer y el carácter asimétrico del cambio tecnológico (capaz de prolongar la existencia, pero no de alejar la enfermedad) causan mucho sufrimiento e indignidad al final de la vida. El médico e intelectual Atul Gawande, en su libro *Being Mortal: Medicine and What Matters at the End*, vuelve sobre lo mismo, y enfatiza la incapacidad de la medicina moderna para atender las necesidades de los pacientes terminales en medio del frenesí tecnológico y los incentivos perversos.

En su libro *The Conversation: A Revolutionary Plan for End-of-Life Care*, el médico Angelo Volandes aduce que la falta de una conversación franca con los pacientes y sus familias (una solución de baja tecnología) con frecuencia lleva a tratamientos innecesarios, sin sentido, que hacen mucho daño y desperdician recursos escasos.

El filósofo Daniel Callahan y el cirujano Sherwin B Nuland, autores del libro *How We Die*, reiteran uno de los temas del capítulo, la ilusión imposible de la inmortalidad: "Lo mejor que podemos hacer en muchos casos, especialmente en los más ancianos y frágiles, es extender la vida por un período relativamente corto —a un costo considerable y con frecuencia causando un enorme sufrimiento a la persona en cuestión".

El médico inglés Richard Smith va más allá: "las enfermedades de los más viejos no tienen cura —incluso si la tienen serán reemplazadas por otras, posiblemente más terribles (es progreso, me pregunto, curar el cáncer para que la gente pueda morir lentamente de Alzheimer)".

El poeta chileno Enrique Lihn, quien murió de cáncer, dijo lo mismo con urgencia y elocuencia:

> Un muerto al que le quedan algunos meses de vida tendría que aprender
> para dolerse, desesperarse y morir, un lenguaje limpio
> que sólo fuera accesible más allá de las matemáticas a especialistas
> de una ciencia imposible e igualmente válida
> un lenguaje como un cuerpo operado de todos sus órganos
> que viviera una fracción de segundo a la manera del resplandor
> y que hablara lo mismo de la felicidad que de la desgracia.

AGRADECIMIENTOS

A mi familia, a Caro, Mari y Tomi por todo, son mi vida.

A mis papás y hermanos por el amor, la compañía y la paciencia.

A Elizabeth, Vero, Pao, Carlos, Anaelisa, Kalaf y a toda la familia por las palabras y el aliento.

A Tatiana por el apoyo permanente y la preocupación constante.

Al presidente Juan Manuel Santos, a María Clemencia y sus hijos por la confianza y el afecto.

A los médicos, Mario Gómez, Santiago Rojas, Carlos Cuellar, Javier Muñoz, Luis Carlos Olarte, Armando Gaitán, Mike Cusnir, Mauricio Lema, Leonardo Enciso, Andrés Rodríguez, Álvaro Muñoz, Luis Eduardo Pino, Mauricio Molina, Catherine Supelano, Peter Martin, Jorge Ospina, Santiago López y Carlos Alberto Morales por salvarme la vida.

A Carolina Wiesner por el apoyo intelectual y moral.

A los funcionarios de Colmédica y la Clínica del Country por todo el cuidado y la diligencia.

A las enfermeras, Diana, Yineth, Olga, Yenifer, María Victoria, Andrea, Erika, Liseth, Johana, Yenny, Rosa, Andrea,

Diana E., Marisela, Viviana, Diana L., Francy y Nancy por el cuidado, el cariño y las conversaciones sobre la vida.

A mis compañeros del Ministerio de Salud, Carmen Eugenia, Luis Fernando, Gerardo, Viviana, Dorita, Edilma, Carlos, Allan, Camila, Pamela, Fernando, Mery, Marcela, Luis Gabriel, José Luis, Carolina, Norman Julio, Juan Pablo y cientos más, por el cariño, la solidaridad y el desvelo de todos los días.

A mis cuidadores, Roa, Ocampo, Cuevas, Dimate, Emiro, Jesús, Rafael y Liliana por la dedicación, la compañía y el afecto.

A mis amigos, a Plancho y Analicia, Gabriel Mesa, Rodrigo Córdoba, Alejandro Jadad, Claudia Vaca, Emilio Herrera, Mauricio Santamaría, Carlos Francisco Fernández, Jairo Núñez, Fabio Sánchez, Ana María Ibáñez, Eduardo y Cata, Fernando y Liz, Soraya, Jota y Andrés, María Paula y Néstor, Daniel y Adriana, Raquel y Juan Pablo, Lina y Andrés y a tantos otros más, por mantenerme vivo.

A mis colegas de gobierno y de la Universidad de los Andes, y a mis amigos economistas por todos los mensajes de afecto y las palabras de aliento.

A los congresistas, periodistas y dirigentes del sector salud por el respeto, la prudencia y el cariño.

A Paca, por hacer este libro legible.

A Andrés Grillo, por la confianza y la compañía.

A los pacientes de cáncer por darme la esperanza, mostrarme el camino y enseñarme tantas cosas.

A todos agradecido por siempre.